Découvrez l'histoire par les archives de presse

RETRONEWS
Le site de presse de la BnF

www.retronews.fr

BULLETIN

DE LA

SOCIÉTÉ ARCHÉOLOGIQUE

DU

MORBIHAN.

ANNÉE 1857.

VANNES

TYPOGRAPHIE ET STÉRÉOTYPIE DE GUSTAVE DE LAMARZELLE.

1858

BULLETIN

DE LA

SOCIÉTÉ ARCHÉOLOGIQUE

DU MORBIHAN.

COMPTE-RENDU ANNUEL

DES TRAVAUX

DE LA

SOCIÉTÉ ARCHÉOLOGIQUE

DU MORBIHAN.

ANNÉE 1857.

AVEC UNE REVUE RÉTROSPECTIVE DES ANNÉES 1853 et 1854.

Monsieur le Préfet,

En vous présentant pour la première fois un compte-rendu de ses travaux, la Société Archéologique du Morbihan s'est proposé un double but : vous donner, ainsi qu'à MM. les Membres du Conseil général de ce département, un témoignage certain de son zèle à répondre à la bienveillance dont vous l'entourez, et que vous voudrez bien lui continuer tant qu'elle en sera digne ; intéresser le public à l'œuvre d'une Société jeune encore, et dont on ne saurait méconnaître la noble mission : celle de répandre le goût d'études ingrates en apparence, en réalité pleines de charme, et surtout d'exciter le pays à la conservation des monuments anciens qui font sa gloire et sa richesse. Nous avons eu l'honneur de vous en adresser récemment le catalogue.

C'est une œuvre moins succincte que nous avons entreprise aujourd'hui, et cependant nous sommes encore obligés de nous restreindre. En présence des travaux de quatre années, deux modes de publication se présentaient à nous : reproduire *in extenso* les mémoires lus à nos séances, dont l'impression eût été approuvée, ou bien nous borner à une analyse de chacun d'eux ; c'est ce dernier mode que nous avons cru devoir adopter. Outre que plusieurs des mémoires ont été, de la part de leurs auteurs, l'objet d'une publication spéciale, nous avons trouvé par ce moyen, que nous dictait d'ailleurs la modicité de nos ressources, la possibilité de comprendre dans un premier volume non-seulement le résumé des travaux de l'année 1857, mais encore une revue rétrospective de ceux de 1853 et de 1854, réservant pour l'année prochaine la lacune de deux ans qui restait encore à combler. Malheureusement, les mémoires lus pendant les deux premières années n'ayant pas été déposés aux archives, nous n'en pouvons publier qu'un très petit nombre que, pour cette raison, nous avons confondus avec ceux de 1857. Nous avons ensuite divisé notre compte-rendu en trois parties, suivant la nature des sujets : *philologie, histoire, tradition* et *archéologie* proprement dite. Cette dernière partie, d'un intérêt tout spécial, surtout en ce qui concerne les fouilles, a été, comme il était nécessaire, accompagnée de plans et de dessins. Enfin, on trouvera, avant la table des matières, la liste des dons faits au Musée et aux archives depuis 1853, et celle des Membres de la Société.

Nous avons indiqué notre but et la marche que nous avons suivie pour l'atteindre ; puisse le résultat répondre à nos efforts ; puissions-nous, pour y arriver, ne pas nous être trop écartés de notre devise : *Utile dulci.*

Recevez, Monsieur le Préfet, l'assurance de nos sentiments dévoués.

Le Président de la Société archéologique,

DE FRÉMINVILLE.

Le Secrétaire,

ROZENSWEIG.

PHILOLOGIE.

VIE & OUVRAGES POÉTIQUES

DE M. L'ABBÉ NOURRY.

Extrait d'une Notice de M. l'abbé Le Joubioux (Novembre 1854), par
M. Guyot-Jomard.

La linguistique est l'une des branches de l'archéologie, et il nous
est permis, si même ce n'est pas pour nous un devoir, de nous en
occuper. Assurément, les grands et nombreux monuments qui
couvrent notre pays sont faits pour attirer notre attention, et nous
serions bien inexcusables de ne pas les étudier et aviser au moyen
de les conserver. Toutefois, la langue qui, grâce à Dieu, se parle
encore dans les deux tiers de notre département, et qui, nous l'espérons, ne cessera jamais d'y être parlée, cette langue, contemporaine
de nos monuments druidiques, mérite peut-être encore davantage
notre attention, notre étude, et notre zèle pour la défendre contre
les attaques dont elle est malheureusement l'objet.

Il n'y aura jamais à la dédaigner que ceux qui n'en ont pas la
moindre connaissance. Ceux qui, sans cérémonie aucune, la traitent
de barbare, savent-ils que c'était aussi cette qualification que donnaient à la langue romaine, du temps d'Auguste, les Barbares chez
qui Ovide avait été exilé. « Les gens de cet horrible pays, écrivait ce

grand poète, ne me comprennent pas, ne se gênent point pour m'appeler barbare :

« Barbarus his ego sum quia non intelligor illis. »

La langue bretonne est plus riche que ne le supposent ses détracteurs. Vous ne soupçonnez peut-être pas l'existence de tragédies bretonnes ? Et cependant, nous avons des tragédies, beaucoup de tragédies, des tragédies de toute couleur : religieuses, historiques, politiques même. Je ne veux pas vous dire ici si leur qualité est en rapport avec leur quantité.

Aujourd'hui, Messieurs, je veux vous parler d'un des hommes les plus connus dans la partie bretonne du diocèse de Vannes, d'un homme qui était tout à la fois poète tragique, poète élégiaque, poète lyrique, architecte distingué, orateur renommé, et, ce qui vaut beaucoup mieux encore, un saint prêtre. Je veux vous parler de M. l'abbé Noury et de ses poésies bretonnes.

M. l'abbé Noury naquit, en 1743, dans un village de la paroisse de Lauzach, appelé Kerglérec. Ses parents, riches du côté des qualités de l'âme, l'étaient bien peu du côté des biens de la terre. Ils habitaient une misérable chaumière où l'on a peine à croire que des créatures humaines puissent vivre. Le jeune Pierre Noury ne s'y est pourtant pas étiolé. A l'âge de dix ans, il était un vigoureux et intelligent enfant, et le recteur de Lauzach, qui avait été frappé des rares dispositions de son jeune paroissien, le plaçait à Vannes, pour y suivre les cours du collége alors dirigé par les Pères de la Compagnie de Jésus. Sous de tels maîtres, Noury fit de grands progrès dans la science et dans la piété...

Des lettres écrites en latin, que j'ai trouvées parmi ses manuscrits, lettres qu'il adressait, pendant son émigration en Espagne, au vénérable évêque d'Orense, sont une preuve manifeste de la force de ses études littéraires. Ses études théologiques durent également être excellentes, car à peine était-il prêtre, qu'il obtint, au concours, la paroisse de Bignan. A vingt-sept ans, il eut à lutter contre des hommes blanchis dans l'étude et l'exercice du saint ministère, et il sortit victorieux du combat.

C'est depuis sa nomination à la place de recteur de Bignan qu'il s'occupa d'architecture et de poésie bretonne. L'abbé Noury était comme Fénelon, grand admirateur de l'architecture grecque, et c'est dans ce style qu'il fit bâtir l'église de Bignan et le porche de Carnac. Ses connaissances architecturales, qui d'abord ne furent pour lui qu'un utile amusement, devinrent, pendant l'exil, une ressource. A Lisbonne, le recteur de Bignan donna des leçons d'architecture. J'aurais mieux aimé, je l'avoue, l'entendre parler de poésie bretonne. Il eût parlé là d'une chose où il excellait.

Je vous entretiendrais, Messieurs, d'une œuvre de la jeunesse de M. Noury, d'une tragédie sur le sacrifice d'Abraham, si je n'avais à vous parler de véritables chefs-d'œuvre sortis de sa plume. Il y a bien, dans cette tragédie, une scène ou deux qui ne manquent pas de grâce ; mais entre les plus beaux vers de cette tragédie et les chefs-d'œuvre de M. Noury, il y a toute la distance qui sépare l'œuvre d'un faiseur de vers de celle d'un poète inspiré. Si ces vers ont de la douceur, ils n'ont aucune inspiration ; mais lorsque son cœur fut ému, M. Noury fut vraiment un grand poète.

Que ne puis-je vous faire comprendre, dans sa langue, cette admirable élégie qu'il écrivit de Portugal à son peuple, élégie qui a fait répandre tant de larmes, non-seulement dans la paroisse de Bignan, mais dans presque toutes les paroisses de la partie bretonne du diocèse. Une traduction en a été donnée par M. de La Villemarqué ; elle n'est pas mauvaise ; je ne voudrais pas prendre l'engagement de la faire meilleure. Cependant, comparée à l'original, c'est vraiment une trahison.

Tradutore, traditore.

Je ne connais, dans aucune langue, des vers supérieurs à ceux de certaines strophes de cette élégie. J'ai lu les *Tristes* d'Ovide, et je crois que le poète breton bat le poète romain. André Chénier et Gilbert, parmi les poètes que je connais, sont les seuls qui, dans le genre élégiaque, surpassent M. Noury.

La lyre de M. Noury ne savait pas seulement gémir, elle chante aussi joyeusement et fait entendre des sons sublimes. Témoin un chant sur la naissance du Sauveur : .

> « Quel bruit sur la terre et quel chant frappe mes oreilles ;
> « Quelle ravissante mélodie dans les airs !
> « Anges, dites-moi le sujet de vos chants. »

Horace n'a pas de plus heureux débuts dans ses *Odes*.

Ce cantique, de M. Noury, est remarquable du premier vers au dernier ; mais ce n'est pas son chef-d'œuvre. Son chef-d'œuvre est son cantique sur la Communion. Je ne connais rien de comparable à ce chant, si ce n'est celui de sainte Thérèse sur le même sujet, et dont chaque strophe se termine par ce beau vers :

> Je me meurs de regret de ne pouvoir mourir.

Les cantiques de M. Noury ont dû être composés dans l'exil. Ne pouvant plus faire entendre sa voix à son peuple, le malheureux

proscrit chargeait le papier de transmettre à ce peuple chéri les sentiments qui se pressaient dans son cœur.

Quand des jours plus heureux vinrent luire sur la France, le pasteur
accourut au milieu de ses ouailles, et eût oublié, dans le bonheur de
vivre au milieu d'elles, la douleur d'en avoir été séparé ; mais il ne
devait plus y avoir ici-bas de bonheur pour M. Noury. La voix de son
évêque l'appela à la place de curé de Saint-Pierre de Vannes. Il
obéit ; mais le sacrifice de s'éloigner de nouveau de son peuple fut
trop pénible pour son cœur si aimant. Sa santé se dérangea ; il ne fit
plus que languir, et, au bout de deux ans, pendant lesquels il fit bon
nombre de voyages à Bignan, comme pour y trouver la santé avec la
joie, il mourut à Vannes, léguant son cœur à son premier peuple.

Signé : LE JOUBIOUX.

HISTOIRE & TRADITIONS.

ESSAI

SUR LES

HISTORIENS DE LA BRETAGNE.

—

Analyse du Mémoire de M. l'abbé Mouillard (Septembre 1853), par
M. H. Jaquemet, Ingénieur en chef des ponts-et-chaussées.

Notre honorable confrère s'est donné pour problème dans cet essai
de faire l'analyse des travaux entrepris sur l'histoire de Bretagne.

L'histoire de notre pays se divise naturellement en trois époques :

La première époque comprend l'état des Celtes ou Gaulois Armoricains, depuis leur origine, avant et pendant la domination romaine,
jusqu'à l'arrivée des Bretons insulaires dans l'Armorique, arrivée qui
eut lieu, selon les uns, à la fin du quatrième siècle, selon les autres,
vers la moitié du cinquième.

La deuxième époque commence au moment où les Bretons Armoricains ayant secoué le joug Romain (en 419 ou en 476, suivant les
différents auteurs) proclamèrent leur indépendance qu'ils conservèrent
sous leurs Rois, sous leurs Comtes, sous leurs Ducs, jusqu'à la réunion
de la Bretagne à la France, réunion définitivement opérée en 1532.
A cette époque appartiennent les temps héroïques, la féodalité, la

2

chevalerie, les croisades, l'affranchissement des communes, toutes les querelles des Ducs de Bretagne et des Rois de France.

La troisième période renferme tous les événements qui se sont passés depuis 1532 jusqu'à nos jours. La Bretagne, en offrant à Louis XII la couronne du Duché avec ses armes, avait réservé ses droits et ses franchises. Aussi cette époque embrasse les luttes religieuses et morales de la Bretagne française pendant sa lente incorporation avec la monarchie : le soulèvement de la ligue, les troubles administratifs sous Louis XIV et Louis XV, la révolution de 89, les guerres de l'Ouest.

« Ce n'est pas chose aisée, dit éloquemment M. Mouillard, que de « raconter la triple existence religieuse, politique et privée d'une « nation nombreuse qui a tenu l'épée des batailles, manié les instru- « ments du labourage et fléchi le genou pour rendre grâces à Dieu « qui donne la victoire et envoie les tièdes ondées qui fertilisent. « Raconter les principales révolutions tant des Armoricains que des « Bretons de l'Ile, exposer les affaires ecclésiastiques et civiles, les « différends des Ducs avec les Rois, avec leurs voisins ou avec leurs « propres sujets, les guerres civiles ou étrangères, les négociations, « les traités, les assemblées, les ligues, les caractères des princes, « les tenues d'états, les lois, les coutumes, les portraits des mœurs, « les batailles, les siéges, en un mot tout ce qui peut faire connaître « et le pays et la nation qui l'habite, parcourir une période de deux « mille ans et plus, etc... »

L'honneur d'avoir frayé une route jusqu'alors inconnue revient à Alain Bouchard, auteur des grandes chroniques de Bretagne, depuis Brutus jusqu'à l'an 1531, et à Pierre Lebaud qui vivait du temps de la reine Anne, mais dont l'histoire ne fut publiée qu'en 1638 par les soins de Pierre d'Hozier. Malheureusement ces deux auteurs ont mêlé le faux au vrai, les erreurs aux préjugés ; ils ont écrit d'ailleurs dans un style qui supporte à peine la lecture.,

Encouragé par les libéralités des Etats de Bretagne, Bertrand d'Argentré, sénéchal de Rennes, petit-fils, par sa grand'mère Perrine Lebaud, de l'historien Pierre Lebaud, a écrit en latin une histoire de Bretagne qui fut offerte, imprimée, au mois de décembre 1582, aux Etats réunis à Vannes.

« En prenant Pierre Lebaud pour guide, d'Argentré s'est égaré « avec lui, en le copiant même dans ses erreurs, et lorsqu'il l'a « abandonné pour les règnes du dernier Duc et de sa fille, que « Lebaud n'avait pas traités, ce n'est que pour s'égarer davantage. « Cette histoire dépourvue d'une saine critique, a beaucoup perdu de « sa réputation. Ecrite dans le style du temps, elle a beaucoup vieilli. »

Continuons à copier textuellement M. Mouillard dans l'appréciation qu'il fait de Dom Lobineau (1707) ; nous ne pourrions mieux dire :

« Ce bénédictin arrive, aborde franchement ce chaos, le débrouille, « arrange tous les faits, distingue le vrai d'avec le faux, renverse les « fables, établit la vérité autant que ses mémoires le lui permettent. « Laissant de côté l'Armorique, il prend les Bretons à leur arrivée « qu'il fixe à l'année 458, et conduit son histoire jusqu'à la réunion « de la Bretagne à la France. Cette histoire écrite dans un style qu'on « a trouvé dur et sec est d'une grande valeur. »

L'abbé Jacques Gallet, né à Lamballe, a composé une dissertation historique sur l'origine des Bretons, leur établissement dans l'Armorique et leurs premiers Rois. L'abbé Guyot des Fontaines publia ce travail pour en faire les tomes 5e et 6e de son *Histoire des Ducs de Bretagne*, qui parurent en 1737.

C'est dans ce mémoire que dom Morice a trouvé, discuté et élucidé, les points les plus importants de notre histoire, l'époque de l'arrivée des Bretons dans l'Armorique, la royauté de Conan Mériadec et de ses successeurs, l'établissement de la religion chrétienne en Bretagne à la fin du troisième siècle, après la persécution de Dioclétien et de Maximien, qui, dura pour les Gaules de 288 à 291. Hâtons-nous d'ajouter que l'abbé Gallet, comme dom Maurice lui-même, ont trop sacrifié au désir de l'unité, et que leur doctrine historique sur les premiers souverains de ce pays, beaucoup trop absolue sous ce rapport, a été battue en brèche par la critique de notre temps plus attachée à la réalité des choses.

Dom Morice, bénédictin (1742), complète le dossier déjà considérable de son confrère Dom Lobineau : il amasse de tous les côtés des matériaux. Il publie en trois volumes in-folio les titres qu'il a tirés des archives de Bretagne, de France et d'Angleterre : il se garde bien de rien tronquer ; il publie intégralement ces monuments, fondements de l'histoire qui ne se fait point, ne s'invente point, mais qui s'étudie, se discute, se coordonne.

Dom Morice prend pour point de départ de son histoire l'arrivée des Bretons insulaires dans l'Armorique : il fixe cette époque, avec Gallet contre dom Lobineau, à la fin du quatrième siècle (383), opinion soutenue par Bouchard, Lebaud, d'Argentré, Dupaz, adoptée par Baronius, Bollandus et Carubden, auteur anglais, suivie par dom Mabillon, Mézerai, Tillement, etc. Cette histoire est continuée jusqu'à la mort de Jean V, vingtième duc de Bretagne, arrivée en 1442.

Cette histoire supérieure à celle de dom Lobineau par les additions et les éclaircissements qu'elle renferme, l'emporte surtout par les savantes dissertations que l'auteur ajouta sur l'origine des Bretons, sur l'époque de leur arrivée en ce pays, sur leurs mœurs, leurs coutumes, sur l'origine des barons, des fiefs, des états généraux. Il doit, il est vrai, le fond de ces dissertations à l'abbé Gallet, mais il les a beaucoup améliorées.

Jean Ogée, ingénieur géographe de Bretagne, a publié, en 1780, son *Dictionnaire historique et géographique de la province de Bretagne*, ouvrage rempli de recherches curieuses et utiles.

M. Lehuéron (1839), comme tous les généalogistes bretons, s'est tourné vers l'Asie où la Genèse a placé le berceau du genre humain, et d'où se sont dispersées les races. Notre histoire doit donc aussi, elle, remonter vers cette source originelle de toutes les nations.

« On n'a pas vu sans surprise, dit notre auteur, que des sons qui « se répètent depuis deux mille ans dans les chaumières de la Basse-« Bretagne, se conservent depuis trois mille ans dans la langue sacrée « des pagodes de l'Inde. Les inductions physiologiques sont venues « confirmer les comparaisons grammaticales, et ce fait précieux reste « définitivement acquis à la science : que les races Celtiques, comme « presque toutes les races occidentales, appartiennent à la famille « Indo-Germanique. La race bretonne, dernier débris de la race « celtique, se lie donc au berceau du genre humain, non point par « les Syriens, les Arabes, les Phéniciens et les Hébreux, mais par les « Romains et les Grecs, par les Germains, par les Slaves, par les Ar-« méniens, les Perses, les Mèdes, les Judéens. »

En abordant avec M. Lehuéron, la question des origines bretonnes, M. Mouillard se complaît à citer deux noms également honorables pour notre province. On lira avec le plus vif intérêt dans son mémoire le double éloge qu'il trace :

1° De l'écrivain-soldat de Carhaix, de la Tour-d'Auvergne (1792), retrouvant au milieu des camps, par de savantes recherches, les membres épars de cette grande famille dont nous sommes les derniers débris.

2° De M. Aurélien de Courson (1840) déposant dans son *Essai sur l'histoire, la langue et les institutions de la Bretagne armoricaine*, les plus savants aperçus sur l'histoire primitive de notre Péninsule et montrant partout le développement de la liberté entièrement lié à celui de l'Eglise.

Nous renvoyons aussi à l'œuvre de notre savant confrère en ce qui concerne :

1° M. Daru (1826) qui a bien mérité de la Bretagne en prouvant son indépendance dès le quatrième siècle, indépendance contestée par Nicolas Vignier (1780) dans son traité de l'*Etat ancien de la petite Bretagne*, par l'abbé de Vertot, dans son *Histoire critique de l'établissement des Bretons dans les Gaules*, et par l'abbé des Thuileries (1711) dans sa *Dissertation sur la mouvance de Bretagne par rapport à la Normandie.*

2° L'abbé Manet (1834), auteur d'une histoire de Bretagne qui embrasse les deux premières époques de notre histoire. Cet ouvrage qui n'est guère qu'un extrait des auteurs précédents est rendu prolixe et difficile à lire par la longueur des développements et la multitude des notes.

3° Le chevalier de Roujoux (1839), qui en qualité de descendant du bon d'Argentré, a cru devoir faire aussi une histoire de Bretagne, et qui n'a fait qu'un abrégé des historiens antérieurs et surtout de son ancêtre.

4° M. Pitre Chevalier (1844), dont tout le monde a lu l'œuvre non moins consciencieuse que poétique, et fait aimer la Bretágne en même temps qu'il la fait connaître.

Si en ajoutant à cette liste les généalogistes Dupaz, Toussaint de Saint-Luc, Guy Leborgne et l'hagiographe le P. Albert-le-Grand, on a épuisé la série des écrivains qui ont travaillé à l'histoire générale de la Bretagne, M. Mouillard devait donner et a donné une mention particulière à l'*Histoire ecclésiastique de Bretagne* (1777), composée par l'abbé Déric, grand-vicaire de Dol, qui prend cette histoire à sa naissance et la conduit jusqu'à l'an 1000.

Quand on parcourt le catalogue des évêques qui ont gouverné nos églises dans les premiers siècles, on n'en trouve presque aucun qui soit honoré du martyre. Cette observation induit à reporter l'établissement de ces églises jusqu'après les siècles des persécutions, c'est-à-dire après la nomination de Constance-Chlore au gouvernement des Gaules en 292. Jusque là, il pouvait bien y avoir eu des prêtres qui faisaient comme nos missionnaires des courses apostoliques ; mais il n'y avait point d'Eglise instituée et organisée.

Voilà pour l'époque.

Voici pour la manière : La lumière de l'Evangile nous est venue de deux points : 1° de Tours où vers l'année 252 fut envoyé Saint-Gatien, qui envoya en Armorique Saint-Clair, premier évêque de Nantes, que la tradition fait mourir à Réguiny, dans le diocèse de Vannes, vers l'an 292 ; 2° de la Bretagne avec les Bretons insulaires, parmi lesquels il y avait des chrétiens dès le second siècle.

Puis discutant l'époque et adoptant la chronologie de l'abbé Gallet et de Dom Morice, l'abbé Déric fait remonter l'église de Nantes à la fin du troisième siècle, comme nous venons de le voir ; celle de Rennes à peu près à la même époque ; celles de Dol et de Vannes sont fondées sous Conan Mériadec. L'évêché de Quimper est de la même époque. Son premier évêque fut Corentin qui mourut vers l'an 454, après un long épiscopat. Saint-Pol-de-Léon est de 512 ; Saint-Malo de 540 ; Saint-Brieuc et Tréguier ne furent érigés qu'en 848 par les soins de Noménoé.

Cette époque qui s'étend de la fin du troisième siècle au commencement du cinquième, nous révèle, en effet, tous les monuments l'attestent, le complet épanouissement du Christianisme dans l'Armorique. Mais, et nous touchons ici à l'une des questions les plus palpitantes d'actualité que nous puissions citer, les recherches modernes tendent toutes à démontrer l'admirable puissance de propagation dont fut doué le Christianisme dès le premier siècle et le développement qu'il prit dans les Gaules. La tradition constante de l'Eglise de Nantes, tradition qui a obtenu les suffrages des plus habiles critiques, indique que ce fut à une époque peu éloignée du temps des apôtres que Saint-Clair, dépositaire du clou qui avait percé la main droite de Saint-Pierre sur la croix, vint annoncer l'Evangile à l'Armorique, et mit sous la protection de apôtres Pierre et Paul l'Eglise naissante qu'il avait fondée à Nantes. La persécution aurait-elle pu être bien vivace au fond de l'Armorique où régnait encore le Druidisme malgré la religion des vainqueurs, et où, comme tous les opprimés, il dut servir d'appui au culte nouveau , pour mieux résister lui-même ?

Dom Tallandier qui a continué l'histoire de Dom Morice, de 1442 à 1598, a publié aussi un catalogue complet des évêques, abbés et abbesses de notre pays, utile à consulter.

C'est aussi comme dépendances de l'histoire ecclésiastique qu'il faut nommer Albert-le-Grand et son histoire naïve et légendaire intitulée : *Vie et miracles des Saints de la Bretagne Armorique.*

M. Mouillard a cru devoir à la généralité de son plan d'ajouter à la liste des historiens proprement dits, celle des écrivains archéologues ou poëtes qui ont écrit sur les antiquités monumentales de la Bretagne, ses curiosités, ses mœurs, ses costumes, ses usages, ses traditions, sa langue, ses contes et ses chants, ses hommes célèbres, etc., etc. Mais ces études étant toutes modernes, nous touchons à un terrain que plusieurs de nos collègues explorent tous les jours, et nous trouvons sous notre plume des noms qui nous sont chers et qui sont l'objet, dans ce recueil, d'hommages plus développés.

ORIGINE

DE

QUELQUES CROYANCES & PRATIQUES

QUI

ONT COURS EN BRETAGNE ET AILLEURS.

—

Analyse du Mémoire de M. l'abbé Mouillard (Décembre 1853),
par M. Jaquemet, Ingénieur en chef des ponts-et-chaussées.

Cette note ne sera pas une analyse, Messieurs.

J'ai lu et relu avec attention l'important mémoire dont je viens de donner le titre, et je n'ai pu trouver moyen de le résumer à cause du grand nombre de citations et surtout de faits qu'il renferme.

C'est d'abord l'exposé de la religion des Celtes avant la conquête romaine, avec leur sacerdoce, leurs dogmes, leur morale, leur culte extérieur, et, par conséquent, leurs dolmens, leurs tumulus, leurs menhirs, leurs bois sacrés, leurs sacrifices, leurs danses, etc.

La religion des Celtes, après la conquête romaine, dut se modifier au contact de la religion des vainqueurs, religion sensuelle et brillante d'imagination, dont M. Mouillard est amené à esquisser les grands traits.

Ce double exposé conduit naturellement à l'introduction du christianisme dans l'Armorique, et à la lutte longue et pénible qu'eut à soutenir le culte nouveau contre le culte ancien, plus ou moins altéré par la conquête.

C'est à ces trois sources qu'il faut faire remonter les croyances et pratiques dont notre savant collègue fait la description.

A la religion druidique, il rattache le sabbat des sorciers, les danses aux fêtes des saints, la divination, le duel et autres ordalies, les sorciers, les tireurs de cartes, les amulettes, les fées, les poulpiquets, etc.

Au mélange de la mythologie romaine, il faudrait attribuer la croyance aux lutins et aux revenants, les feux de la Saint-Jean, l'esclavage, la vente des enfants et le barbare usage appelé sur nos côtes le *droit de bris.*

La fête des Fous, celle de l'Ane, l'innocente farce du *Roi boit*, et une foule d'autres usages plus ou moins améliorés par le christianisme, seraient encore un reste du paganisme.

En présence d'une œuvre aussi importante, qui peut servir de point de départ à une foule d'études partielles intéressantes, on ne pourrait supprimer qu'un très petit nombre de passages.

Il y a lieu de proposer, par exception l'impression, du mémoire, *in extenso.*

NOTA. — Les conclusions du Rapporteur ont été adoptées par la Société, mais l'abondance des matières nous oblige à reporter au bulletin de l'année 1859 la reproduction de l'intéressant mémoire de M. l'abbé Mouillard.

LE DINER DU CHEVALIER.

(XVᵉ & XVIIᵉ SIÈCLES.)

Par M. Rozensweig, Archiviste du Morbihan.

Vous avez dû lire avec intérêt, Messieurs, dans un des premiers numéros de la *Revue de Bretagne et Vendée*, l'article de M. A. de la Borderie, qui a pour titre : *Le Dîner du sire de Quélen* (XVIIᵉ siècle). C'est un dîner analogue que je viens aujourd'hui vous offrir *pour vos étrennes,* comme dit mon honorable confrère, car le mien se sert également en janvier (il paraît que c'était un commun usage); seulement, permettez-moi de vous faire remarquer que mon vin sera plus vieux, car la première pièce que je vous présente est de 1439.

A côté de la puissante maison de Pontcallec, dans la paroisse de Berné, s'élevait la petite seigneurie de Kerlois, possédée, de haute antiquité, par la famille de la Sauldraye, et qu'une alliance fit passer, au XVIIᵉ siècle, dans celle du Coëtdor. C'est dans un dossier de procédures relatives aux redevances payables à la seigneurie de Kerlois, que j'ai trouvé, mentionné particulièrement, le droit de *disner au chevalier.*

La lecture des principales pièces de ce dossier remplacera avec avantage la froide. analyse que je pourrais vous donner de ce repas annuel. Procédons par ordre chronologique.

Voici d'abord, à la date du 18 mars 1439, un aveu rendu à Jehan de la Sauldraye, par Jehan Le Boëdec ; je suis heureux de pouvoir vous le donner *in extenso*, malgré la difficulté de lecture :

EXTRAIT DES ARCHIVES DÉPARTEMENTALES DU MORBIHAN.

(Fonds de la famille du Coëtdor.)

« Sachient touz que en nostre court de Kempérelé en droit fut
« présent Jéhan Le Boëdec lequel congneust et confessa et par la
« tenour de cest congnoit et confesse tenir ligement soubz Jehan de
« la Sauldraye de Berrené et Katherine de Kerpezequael sa fame à
« cause d'iceluy, ung tenement de terre et ses appartenances ou
« village de Sencec et en général tant quant qu'il a ou dit village en
« la ditte paroesse de Berrené, et debvoir de cheffrente par chacun
« an ausditz mariéz –,– dessus les dits héritages, les somères et
« debvoyrs qui s'ensuyvent : Et premier ung maile à chacun premier
« dymanche de juing par chacun an qui doit estre payé à notre
« souverain seigneur le duc par la main du dit de la Sauldraye ; Item
« douez deniers monnoye par chacun an à chacun premier dymanche
« d'apvril ; Item douez deniers à chacun premier dymanche d'aougst ;
« Item douez deniers au premier dymanche après la fest des touz
« Saintz, à debvoir estre poyéz les dits six deniers à monseigneur du
« Pontquellec par la main du dit de la Sauldraye ; avesques la dosième
« partie de certàin devoir de manger appellé viande de chevalier, a
« estre poiez au moys de janvier par chacun an en la dite ville de
« Berrené, au dit de la Sauldraye et sa dite fame à cause d'icelluy,

« lui et troys gentilz homes en sa compaignie, à ung jour de char, et

« devent estre serviz honestement de rost et boest et leur sauxe appar-

« tenante avesquez eulx, du paen de fouace, du paen choem (blanc),

« du vin blanc et du vin vermail servi en belles taxes d'argent sur

« blanche touaille et touaillons, juesques avoir leur souffisance

« raesonable, et devent avoir chandeles de cire tant que ilz y seront

« à table ; et devent oboir au dit de la Sauldraye en sa court et à

« cause des dits héritages, ainxin come le fié le requiert. Et ces

« chosses et chacun certiffia et relata, certiffie et relate le dit Jehan

« estre vroyes ; et jura par son serment soubz l'obligacion de touz et

« chacun ses biens meubles et héritages de non venir jamais

« encontre.

« Don tesmoignaige le scell establi aux contratz de notre dite court

« ad cest micz, le xviij^e jour de Mars l'an mill iiij^{ce} trante neuff. »....

(Signé)   Passe JEHAN LAMOLAEN.
Passé par HENRY LAESET.

(Parchemin, était scellé sur simple queue).

Le deuxième titre, du 6 mars 1500, est encore un aveu rendu par Jehan Le Goff Tromelin au seigneur de la Sauldraye, pour une tenue en *Berné*. Entre autres redevances, il confesse lui devoir *ung disner pour viande de comte*, payable chaque année à la fête de l'Epiphanie.

Puis, viennent d'autres pièces, du XVIe et du XVIIe siècle, qui complètent les premières par quelques nouveaux détails, tout en conservant l'ensemble de la cérémonie. Mais ce ne sont plus seulement cette fois de simples aveux ; il y a lutte entre le seigneur et les vassaux qui refusent le droit. Remarquons, avant d'aller plus loin, que ce droit de dîner était dû par les habitants du bourg de Berné et des villages voisins qui avaient des tenues sous la seigneurie de Kerlois, et que chacun d'eux y contribuait pour une part plus ou moins considérable, suivant que le nombre des contribuables était plus ou moins élevé. Ainsi, dans l'aveu de 1439, Jean Le Boëdec reconnaît devoir la douzième partie du dîner. Soit que la redevance de chacun fût devenue trop lourde par suite de la réduction des vassaux de Kerlois, soit que le droit lui-même fût tombé en désuétude, et qu'il fût assez difficile de le rétablir, toujours est-il que nous nous trouvons, l'année 1581, en pleine procédure.

Le vendredi, 6 janvier 1581, bannie est faite par le sergent de la cour de Pontcallec, à l'issue de la grand'messe paroissiale de Berné, à l'effet de rappeler aux habitants du bourg et des villages de Kerguonnet et de Censec qu'ils doivent et devront à l'avenir, tous les ans, un dîner à écuyer Jullien de la Sauldraye, à cause de sa seigneurie de Kerlois, et de les sommer de se tenir prêts à acquitter leur redevance le dimanche suivant.

Le dimanche, 8 janvier, point de dîner préparé; la journée se passe en écritures. Dans une longue requête, datée de ce jour et signée de Jullien de la Sauldraye, requête qui précède l'assignation donnée aux vassaux par le seigneur de Pontcallec, le seigneur de Kerlois, énumérant ses droits, insiste particulièrement sur celui du dîner. Il remontre :

. . . .

« Que entre aultres rentes les dits deffendeurs et leurs consortz
« sont tenuz et doibvent payer, servir et continuer par chacun an, à

« ung jour de menger viande, au dit demandeur, à tel jour qu'il luy
« plaira leur faire assigner au mois de janvier, au bourg parrochial
« de Berné, ung disner appellé communément et de temps immé-
« morial la viande au chevallier, leur faisant le dit demandeur donner
« assignation du lieu et jour qu'il luy plaira l'accepter, à ban à l'issue
« de la messe parrochialle du dit Berné ; auquel disner, le dit
« demandeur acompaigné de sa femme, sa damoiselle et trois aultres
« gentilz hommes que le dit demandeur aura pour lui faire compai-
« gnye, il doibt estre traicté honnorablement par les dits deffendeurs,
« de rosty, bouilly, et aultres bonnes viandes avecq leurs sausses, de
« pain de fouace et de choesme, de bons vins blanc et cleret, jusques
« à leur suffizance, servy en belles taxes d'argent, et de beau et
« blang linge, ainsi qu'il appartient à nobles personnes estre traictéz.

« Que davantage en la chambre où se mengera le dit disner sont
« les dits deffendeurs et chacun d'eulx tenus d'assister personnelle-
« ment pour servir le dit demandeur leur seigneur et sa compaignye,
« ayans les deffendeurs leurs testes descouvertes, et durant icelluy
« repas sont tenuz faire bonnes et seurres gardes aux portes de la
« dite chambre, et de faire en icelle chambre beau feu de cherbon
« sans fumée, y faire allumer chandelles de cire tout durant le dit
« disner.»

(Papier, signé JULLIEN DE LA SAULDRAYE.)

Il termine en assignant ses vassaux pour leur faire rendre aveu et
dénombrement des tenues qu'ils possèdent sous la seigneurie de
Kerlois, et leur faire payer 60 sous d'amende à cause du dîner qu'ils
ont refusé.

L'affaire se plaide à la sénéchaussée royale d'Hennebont ; libelle
présenté par les défendeurs ; réplique du sieur de la Sauldraye, en

date du 16 février 1581. Il faut croire que les droits de ce dernier furent reconnus, car le 31 décembre de la même année, nous trouvons un acte de donation d'une maison et ses appartenances au bourg de Berné, faite à demoiselle Philippine Donnàlen (précisément l'une des précédentes défenderesses), par écuyer Louis Rouxel et sa compagne, à la charge de payer 12 deniers de chef rente au seigneur de Kerlois, et de contribuer, avec les autres habitants du bourg de Berné et du village de Kerguonnet, au dîner du chevalier.

Puis, nous voyons le procès recommencer en 1584 ; les dépositions de onze témoins confirment la nouvelle requête de Jullien de la Sauldraye. Une lettre du 3 décembre, adressée à celui-ci par un sieur François Simardet, chargé de recueillir des renseignements à l'appui du procès, renferme un extrait du prisage de Kerguonnet, duquel il résulte que les vassaux du seigneur de Kerlois, dans ce village, lui doivent « *ung devoir de manger* à ung jour de Janvier, et doibvent « servir rost et boet, et par exprès deux cheffs de poulaille, ung pied « de porch frays, choeme et foace, ce qu'ils pourront manger, vin « blanc et cleret.»

Continuation du procès en 1585, qui se termine, le 5 octobre, par une sentence de la cour d'Hennebont, en faveur du sieur de la Sauldraye.

Nous arrivons à l'année 1650. Un conseil, réuni pour examiner encore la question si longtemps débattue, ne trouve pas qu'il y ait prescription pour le devoir du *dîner au chevalier*, attendu « *que la* « *coustume n'en admet pas entre le seigneur et le vassal pour les* « *choses de son fief.»*

Malgré conseils et sentences, la résistance est toujours la même. En 1682, après bannie et assignation pour le dimanche 25 janvier,

Bertrand Jourdain du Coëtdor, sieur de Kerlois, accompagné des notaires royaux d'Hennebont, dont il devine que la présence lui sera nécéssaire, vient, après la grand'messe, réclamer le dîner d'usage dans la maison de l'hôtesse Marie Rofflet. Trois vassaux seulement se présentent pour acquitter leur dette ; le seigneur dîne néanmoins, paie son écot qui s'élève à la somme de 6 livres, et fait condamner à l'amende les défaillants.

Même bannie et assignation faite à requête de Mme du Coëtdor, pour le 25 janvier 1693... Fut-elle plus heureuse que ne l'avaient été ses prédécesseurs? Notre dossier reste muet à cet égard.

LES POTIERS DU PAYS DE RIEUX.

—

Par M. Rozensweig, archiviste du Morbihan (1857).

L'histoire de l'établissement primitif et de l'agglomération successive des potiers dans le pays de Rieux et spécialement dans la commune récemment formée de Saint-Jean-la-Poterie, succursale de Saint-Jean-des-Marais, nous est complétement inconnue, faute de documents. Leurs usages particuliers, leurs mœurs qui diffèrent encore aujourd'hui de celles des autres habitants, l'espèce d'isolement dans lequel ils vivent entre eux sans contracter d'alliances au-dehors, la grâce et la légèreté de leurs poteries cuites en plein vent sur un feu de bruyères, rendent assez précieux les titres fort rares qui les concernent. C'est pourquoi j'ai pensé que le suivant n'était pas sans valeur, quoique extrait d'une copie de déclaration non signée et très-incorrecte, qu'a bien voulu me communiquer M. l'abbé Denis, vicaire de Saint-Jean-des-Marais.

. . . .

« Droits de la potterye — au dit village de la Potterie il y a com
« munauté et maîtrise de potterie, et ne peult aucun pottier qui est

« fils de maître se faire recevoir que par l'agrément du dit Seigneur,
« et est obligé de prester le serment et payer les droits accoustuméz;
« le dit seigneur comte a droit d'establir tous les ans six conteurs et
« deux revoyeurs pour prendre garde si aucun pottier fait plus grand
« nombre de pots que ce qu'il doit par jour, et s'ils contreviennent
« aux autres droits du dit seigneur ; et peult pareillement establir un
« desditz pottiers pour bastonnier, lequel a soing des affaires de leur
« communauté. Les pottiers mariéz ne peulvent faire chacun plus de
« trois douzainnes et demye de pots par jour, et par veuf ou veufve
« deux douzainnes ; ne peulvent les ditz pottiers cuir des potz les
« vigiles des festes commandées et en exposer en ventes les jours de
« dimanches ; et davantage les ditz pottiers faire des potz depuis le
« jour de St Nicollas sixième décembre jusques au premier jour de
« mars, sans la permission du dit seigneur advouant. Chacun pottier
« marié doit audit seigneur comte saize sols et un pot par chacun an
« au deuxième de may, payables sans assignation au devant de cha-
« pelle de St Jacques ; et en oultre doibvent lesditz pottiers mariéz
« chacun deux journées d'aoust, et par veuf et femme vefve, une
« . . . .

« Item au dit seigneur advouant appartient la chapellenye de
« St Jacques, desservie au dit lieu de la Potterye, appelée la chapelle
« des pottiers. . . . .

« Item est deub au dit seigneur par les pottiers du dit Rieux une
« livre de poivre par chacunne année, qui doibt estre présentée par
« l'un desditz pottiers la veille de Noel à la messe de minuit. »

. . . .

(Copie non signée.—Extrait d'une déclaration des appartenances et dépendances du comté de Rieux, aite et rendue au Roi par M. de Guénégaud de Plancy, devant les commissaires de la sénéchaussée de Ploërmel, le 1er Avril 1681.)

BATAILLE NAVALE DE CONFLANS.

—

Extrait d'un Mémoire de M. l'abbé Piéderrière (1857), par M. Rozensweig,
archiviste du Morbihan.

Parmi les attaques nombreuses que les côtes de Bretagne eurent à soutenir au siècle dernier contre les Anglais, outre leurs expéditions sur Lorient, Sauzon et Groix, et la déroute de Dupleix dans les parages de Brest, on doit signaler encore un autre combat naval moins connu, également funeste pour nous, et qui a pris place dans l'histoire sous le nom de : *Bataille de M. de Conflans* (1759). Notre honorable collègue, M. l'abbé Piéderrière nous adresse une relation inédite de cette bataille, qu'il vient de découvrir à la sacristie de Marzan.

Après avoir rappelé le passage de *l'histoire des îles d'Houat et d'Hœdic*, où l'abbé de Lalande rend compte du combat naval de Conflans, et où l'auteur se montre un peu sévère pour les vaincus bien inférieurs en nombre aux vainqueurs, M. Piéderrière nous transmet la note suivante écrite à l'époque, peut-être par un témoin oculaire, car elle est recueillie non loin du théâtre de l'action, tout près de l'embouchure de la Vilaine.

« Le 20 novembre 1759 eût lieu le combat entre la flotte fran-
« çaise, composée de 21 vaisseaux de ligne et 5 frégates, et la flotte
« anglaise, composée de 45 vaisseaux de ligne. La première était
« commandée par le maréchal de Conflans, vice-amiral de France, la

« seconde par l'amiral Howe. Comme la flotte anglaise était de beau-
« coup supérieure en nombre et en forces à celle de France, la flotte
« française a été dispersée. Sept de nos vaisseaux ont abordé à Ro-
« chefort-en-Mer ; huit se sont retirés dans la rivière de la Vilaine ,
« ainsi que quatre frégates. Ils se sont placés dans la petite rade de
« Vieille-Roche, en Arzal. Un de nos vaisseaux, nommé le *Formi-*
« *dable*, a été pris par les Anglais ; deux autres ont été brûlés, le
« *Héros* par les Anglais, et le *Soleil royal* par ordre de M. de Con-
« flans ; et cela, après qu'ils ont été échoués sur les côtes du Croizic.
« Deux autres ont coulé à fond, grâce à la quantité d'eau qui est
« entrée par les sabords de la batterie basse, et desquels il ne s'est
« sauvé personne. Un autre vaisseau, nommé le *Juste*, est allé se
« perdre dans la rivière de la Loire, après avoir été criblé de coups
« de canon, et duquel il ne s'est sauvé qu'environ 150 hommes.

« Les vaisseaux qui se sont retirés dans la Vilaine sont : 1° le *Glo-*
« *rieux*, de 74 canons ; 2° le *Robuste,* de 74 canons ; 3° le *Brillant,*
« de 64 canons ; 4° l'*Eveillé*, de 64 canons ; 5° le *Sphinx*, de 64 ca-
« nons ; 6° le *Dragon,* de 64 canons ; 7° le *Bizarre,* de 64 canons ;
« 8° l'*Inflexible,* de 64 canons.

« Les frégates sont : 1° la *Vestale,* de 32 canons ; 2° l'*Aigrette,*
« de 32 canons ; 3° le *Calypso*, de 16 canons ; 4° le *Prince-Noir,*
« de 4 canons.

« Le présent combat s'est livré un peu au-delà de l'île du Met. »

M. Piéderrière ajoute que le souvenir de cette bataille est resté
profondément gravé dans les esprits de la population du littoral,
qu'elle est d'ailleurs attestée par la présence de débris de navires
qu'on aperçoit encore à marée basse dans la petite baie de Vieille-
Roche et près de la rade de Pénerf.

LE CHATEAU DU DIABLE.

—

Par M. Fouquet, Docteur-Médecin (1857).

Sur un charmant coteau des bords du Scorff, nommé *Mané-penn-enn-Drainfve* (en français, *Pointe de la trève ou Frairie*), s'élève une petite maison coquettement blanche qui n'est que d'hier, et un manoir du XVIIᵉ siècle qui domine un des plus jolis points de vue de la contrée.

Le promeneur, attiré par la beauté du site, est tout surpris quand il arrive au sommet du coteau, de trouver un vaste amas de débris, des granits sculptés et les restes d'un *Lion-gargouille* qui trahissent le XIVᵉ siècle. S'il demande aux gens de la ferme quelles sont ces ruines, il apprend que là s'élevait jadis le *Castel penn-enn-Drainfve* connu maintenant, dans tout le pays, sous le nom de *Château-du-Diable*. Il apprend encore que ce nom qui sent le soufre, fut imposé à ce castel, parce qu'un de ses propriétaires s'était vendu à Satan. Il apprend enfin que dans les vastes souterrains qui s'étendent sous le lit profond du Scorff, jusqu'au château de Tréfaven, sont enfouis les immenses trésors, fruits de son pacte avec l'ange maudit.

Si ce promeneur est ami du merveilleux, qu'il accepte cette

légende qui va si bien aux vieilles ruines, aux frais ombrages, au calme profond de ces lieux; mais s'il tient peu à la poésie et beaucoup, au contraire, au positif des choses, qu'il écoute alors ce que la tradition redit :

« Un modeste marchand d'Hennebont, assez bien dans ses affaires, avait, dans les premières années du XVIIe siècle, acquis le *Mané-penn-enn-Drainfve* et une pauvre ferme dont les champs et les landes étalaient au soleil leurs épis et leurs ajoncs, là même où depuis la Compagnie des Indes a creusé son port, établi ses magasins, là où Lorient a formé son arsenal, élevé ses maisons et dressé ses remparts.

« La vente à prix excessif de ses pauvres champs et de ses landes incultes, fit du modeste marchand d'Hennebont le plus opulent des propriétaires du pays, et comme alors on arrivait à tout par la fortune, il pourvut ses filles de nobles époux et ses fils des emplois les plus élevés de la magistrature, de l'armée, de l'église. Quant à lui, devenu seigneur, il bâtit sur sa terre noble de *Mané-penn-enn-Drainfve* le manoir qui, de nos jours, n'est plus qu'une maison de ferme. »

Le seigneur vendu au démon par la légende, c'est le marchand d'Hennebont enrichi et anobli, et le satan rémunérateur du pacte, c'est la Compagnie des Indes. Reste à trouver le souterrain dépositaire des écus maudits !

LE PAYS DE QUESTEMBERT

SES ANTIQUITÉS, SES CROIX SCULPTÉES.

—

Extrait des Notices de MM. les abbés Marot & Piéderrière (1857), par
M. Rozensweig, Archiviste du Morbihan.

M. l'abbé Marot, adressant à la Société un éperon et des menottes
en fer, ainsi qu'un fragment de clochette aplatie, accompagne cet
envoi d'une courte notice. Les deux premiers objets ne paraissent pas
remonter plus haut que le moyen-âge ; la clochette trouvée l'année
dernière dans la lande de Lanvaux, sur une urne gauloise, semble
plus ancienne. Ces différentes découvertes fournissent à M. Marot
l'occasion de nous décrire un tumulus qu'on a détruit, il y a cinq ou
six ans, au village de Boquignac, en la paroisse de Questembert.
Dans un camp qui l'avoisinait ont été trouvés l'éperon en question,
plusieurs poteries romaines, une hache gauloise, et quelques monnaies
franques.

M. Marot nous parle également du camp de Karboued, découvert
dans la lande de Lanvaux, ainsi que de plusieurs tumulus où ont été
relevées des croix de pierre, et qui, suivant notre honorable confrère,
pourraient bien être des tumulus chrétiens.

M. l'abbé Piéderrière nous adresse, de son côté, quelques notes relatives aux croix sculptées de Questembert et des communes environnantes. Ces pierres ne rappellent pas seules la lutte soutenue, au IXe siècle, contre les Normands. Le nom d'Alain s'est perpétué dans ceux de plusieurs villages, fermes et champs du pays, et les ossements qu'on rencontre en divers points accusent encore la forte taille des vaincus et les lieux où ils succombèrent.

GROTTES DE PLOUHARNEL DÉCOUVERTES EN 1849 PAR M. LE BAIL, MAIRE DE PLOUHARNEL.

levé et dessiné par M.M. LUCAS Cap.e du Génie, et GRÉGOIRE Ingénieur des Ponts et Chaussées.

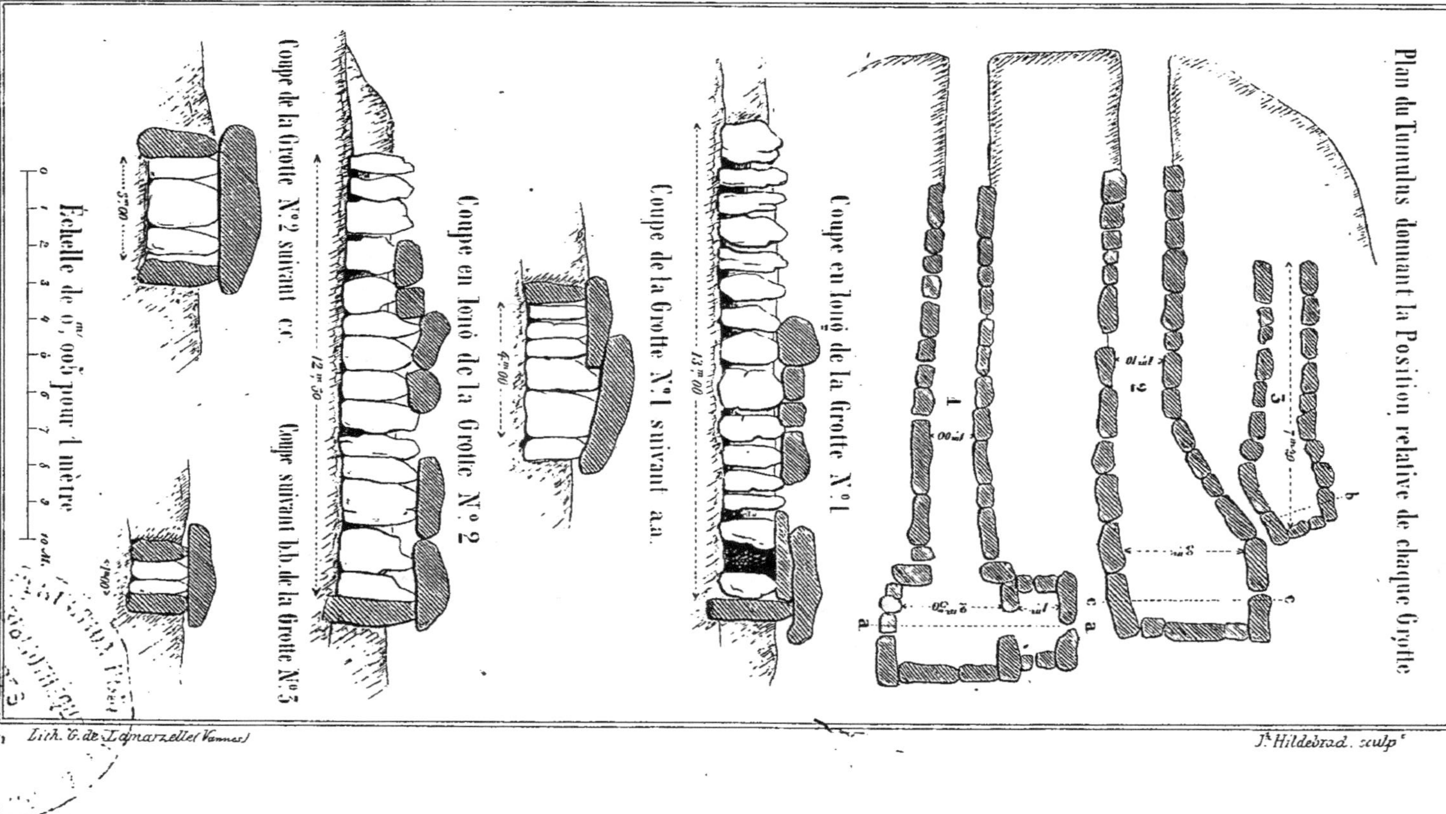

GROTTES DE PLOUHARNEL.

—

Extrait d'un Mémoire de M. Philippe Kerarmel, trésorier de l'Association
bretonne (Septembre 1850), par M. de Fréminville,
Ingénieur des ponts-et-chaussées.

———

Les fouilles qui ont conduit à la découverte des grottes ou allées couvertes de Plouharnel, ont été dirigées par feu M. Le Bail, lorsqu'il était maire de la commune de Plouharnel.

Le monument présentait, avant l'exécution des fouilles, l'aspect d'un tertre peu élevé, dont le sommet, très aplati, laissait voir quelques-unes des pierres de recouvrement des chambres que les touristes peuvent maintenant visiter.

La grotte centrale et la galerie qui en précède l'entrée ont été fouillées en premier lieu; elles étaient remplies de terre; on y a trouvé seulement quelques fragments de celtæ ou des haches en pierre.

La fouille de la seconde chambre, précédée aussi d'une allée couverte, a donné des résultats plus importants.

Les ouvriers ont rencontré, vers le milieu de cette chambre, une petite construction en pierres sèches, qu'ils ont démolie; elle paraissait établie de manière à garantir un vase en terre qui a été brisé et qui renfermait des fragments d'os, des cendres, du charbon et deux colliers ou brassards en or absolument pareils.

Ce sont deux bandes d'or, minces, formant chacune un cylindre ayant 0^m 36 de circonférence.

Ils sont fendus horizontalement sur la moitié de leur diamètre, de manière à présenter, dans le sens de la hauteur, douze petites bandelettes.

Leurs extrémités sont repliées en sens contraire, de manière à pouvoir être agrafées l'une sur l'autre.

La chambre qui renfermait ces objets précieux communique directement avec un petit réduit où l'on trouva, au niveau du sol, quelques débris d'ossements et de poteries grossières.

La troisième chambre renfermait aussi des fragments de poterie, et, posé sur le sol, un petit vase hémisphérique, ayant environ 0^m 15 de diamètre ; ce vase est tombé en morceaux quand on a voulu l'enlever.

GROTTE ET OBJETS DÉCOUVERTS EN 1853 dans le TUMULUS de TUMIAC, Commune D'ARZON.
Relevés et dessinés par Mr FOUQUET Docteur - Médecin. 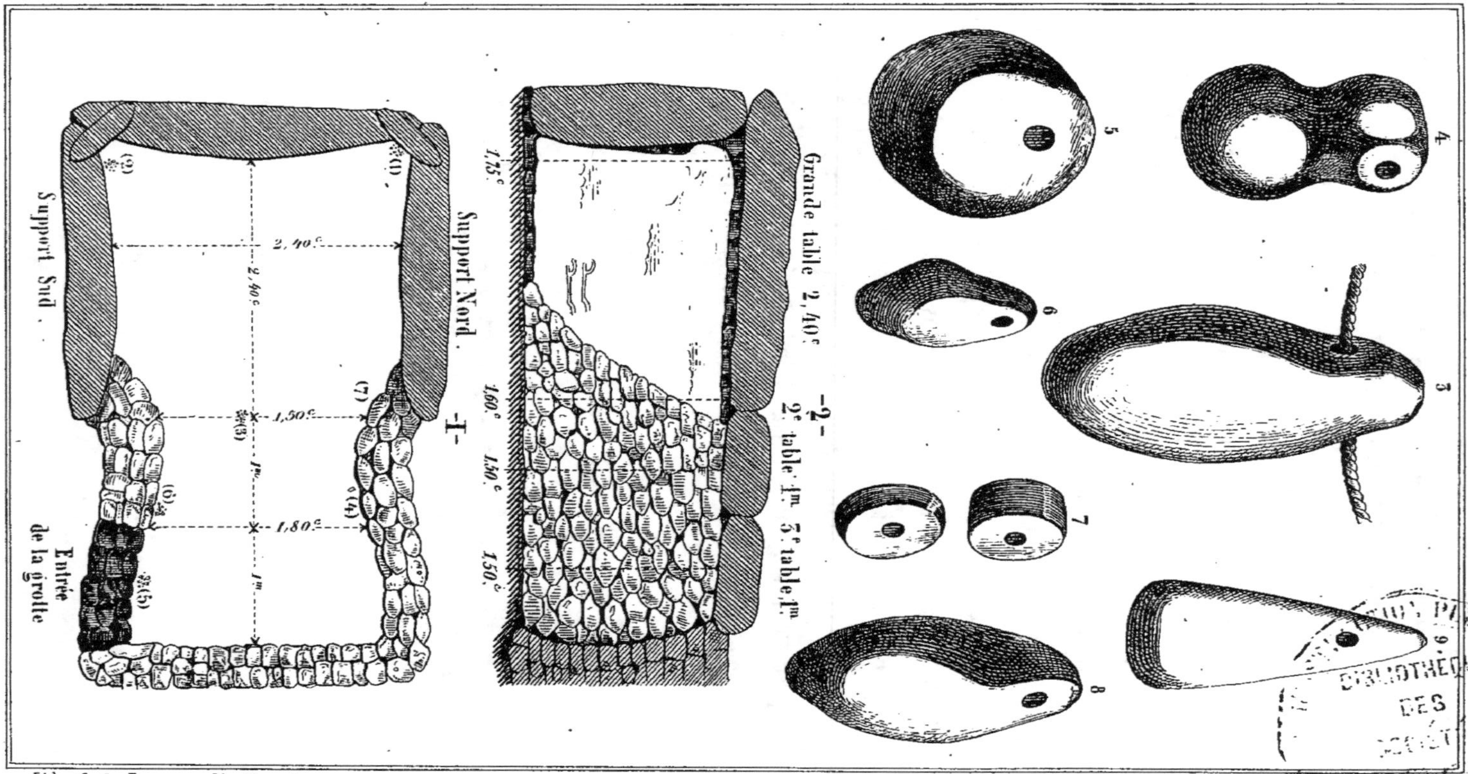
Pl. 2
P. Hildebrand, sculp.t
Lith. G. de Lamarzelle, (Vannes).
4
3
9
5
6
7
8
Grande table 2,40c
-2-
2e table 1m   3e table 1m
1,75c   1,60c   1,50c   1,50c
Support Nord.
-I-
(1)
(7)   (4)
2,40c
1,50c
1,80c
2,40c
(3)   1m   1m
(6)
(2)
(5)
Support Sud.
Entrée de la grotte

DÉCOUVERTE

D'UNE

GROTTE SÉPULCRALE

DANS LE TUMULUS DE TUMIAC.

—

Extrait du Rapport de M. Fouquet, docteur-médecin, par M. de Fréminville,
Ingénieur des ponts-et-chaussées.

Le tumulus de Tumiac, situé dans la commune d'Arzon, a été
ouvert en 1853, et le résultat des fouilles a été consigné, par M. le
docteur Fouquet, dans un rapport très intéressant, publié chez
Cauderan, libraire à Vannes.

Nous renvoyons le lecteur à ce rapport, dont nous extrayons seulement la légende nécessaire pour l'intelligence de la planche.

Fig. 1re. — Plan de la grotte, formée par trois pierres debout
supportant une grande table horizontale, et par des murets en pierres
sèches, supportant deux autres pierres horizontales.

Fig. 2. — Coupe sur l'axe longitudinal de la grotte.

Le sol était revêtu d'un dallage en granit, sur lequel on trouva une
couche de détritus onctueux au toucher, ressemblant à du terreau de

bois ; un morceau de bois pourri a été trouvé entre deux pierres qui l'avaient garanti de l'humidité.

Les objets trouvés dans la grotte de Tumiac sont :

Des grains de colliers en jaspe poli et dont la couleur varie d'un blanc jaunâtre au plus beau vert, des armes ou celtæ en trémolite, un fragment d'os pariétal d'un crâne humain, quelques autres très petits fragments d'os avec des débris de bois.

Les endroits où ces objets ont été rencontrés sont indiqués sur le plan de la grotte (*Pl.* 2, *fig.* 1).

Au point 1-40, gros grains ronds (*fig.* 5) et un gros grain en forme de pois (*fig.* 3).

Au point 2–120, grains de formes diverses (*fig.* 4-7-8).

Au milieu de la grotte, au point marqué 3, une centaine de grains de collier (*fig.* 7).

Tous ces grains de collier sont dessinés en grandeur naturelle. Le fragment d'os pariétal dont on a parlé plus haut se trouvait au point 4.

Les celtæ formaient deux groupes distincts, savoir :

Au point 5, un premier groupe composé de 15 celtæ, presque tous en jade, presque tous bien polis, mais pour la plupart brisés en deux morceaux.

Le plus grand, 0^m 45 de long, 0^m 03 d'épaisseur, et 0^m 09 près de la partie tranchante ; il pèse 2 k. 620.

Trois d'entre eux sont percés d'un trou rond près de l'extrémité opposée au tranchant.

Le plus petit d'entre eux a environ 0^m 15 de long, et est représenté *fig.* 9.

Au point 6, un deuxième groupe de 15 celtæ, de 0^m 06 à 0^m 12 de longueur ; quelques-uns sont tranchants par les deux bouts.

Les fragments d'os, les armes et les objets d'ornements trouvés dans la grotte ne laissent pas subsister le moindre doute sur sa destination sépulcrale.

Et si l'on compare les faibles dimensions du tombeau à celles du tumulus qui le recouvre, et qui forme une butte conique ayant un diamètre de 86^m,66 et une hauteur de 20^m,00, il est permis de supposer que de nouvelles fouilles amèneraient la découverte d'un ensemble de grottes funéraires analogue à celui qu'on a rencontré dans le tumulus de Plouharnel.

MONUMENT GALLO-ROMAIN

DE SAINT-GALLES EN ARRADON.

—

Communication verbale du 20 mars 1854.

M. J.–M. Galles fait part à la Société de la découverte d'un monument gallo-romain , trouvé dans sa propriété de Saint–Galles, en Arradon.

Au milieu de détritus de bois et d'ossements, on a recueilli un grand nombre d'anneaux en cuivre perlés, un celtæ et un morceau d'ambre. Quelques personnes pensent que ces anneaux étaient des ornements destinés à être portés aux bras et aux jambes. D'autres, à cause de leur grand nombre et de l'adhérence de quelques morceaux de bois, y voient la décoration d'une hampe d'enseigne. Ces divers objets ont été déposés au Musée archéologique.

RESTES D'UN ÉTABLISSEMENT GALLO-ROMAIN

DÉCOUVERT AU LODO, COMMUNE D'ARRADON.

Extrait du Rapport de M. Jaquemet, Ingénieur en chef des ponts-et-chaussées,
et président de la Société Archéologique du Morbihan (Mai 1857),
par M. de Fréminville, Ingénieur des ponts-et-chaussées.

Les fouilles exécutées pendant les années 1856 et 1857, au Lodo, dans la commune d'Arradon, ont amené la découverte de trois groupes de constructions gallo-romaines représentés sur la planche N° 4.

Le groupe central se compose de deux corps de bâtiments qui se correspondent de telle sorte que leurs murs de façade, vers la mer, sont établis sur une même ligne.

Ces corps de bâtiments sont réunis par une longue galerie de 3^m,00 de largeur dans œuvre et 60^m,00 de longueur.

La destination du bâtiment, situé à l'extrémité Ouest de la galerie, ne paraît pas douteuse, il renfermait les pièces nécessaires pour prendre des bains.

La destination des appartements, situés à l'autre extrémité de la galerie, ne peut être précisée avec la même netteté. On y remarque surtout une grande chambre, dont le sol était recouvert d'un dallage

ÉTABLISSEMENT GALLO-ROMAIN

DÉCOUVERT EN 1842 AU VILLAGE DE SAINT-CHRISTOPHE, DANS LA COMMUNE D'ELVEN.

—

Note par M. de Fréminville, Ingénieur des ponts-et-chaussées.

Cayot Délandre donne dans son ouvrage (*le Morbihan, son Histoire et ses Monuments*) des détails étendus sur la découverte d'une habitation gallo–romaine, au village de Saint–Christophe, dans la commune d'Elven. Le plan, relevé par M. de Bréhier, fait connaître la disposition générale des parties de l'édifice qui ont été retrouvées, en 1842, par M. Le Than, capitaine au 4ᵉ régiment de ligne ; il complète la description donnée dans l'ouvrage que nous avons cité.

Les traits pointillés *d d d* --- *eee* --- indiquent des conduits d'hypocauste auxquels correspondraient, suivant M. de Bréhier, un præfurnium *a* pour les conduits *d d d*. — et un præfurnium *c* pour les conduits *eee*.

Tous les planchers des appartements sont en béton.

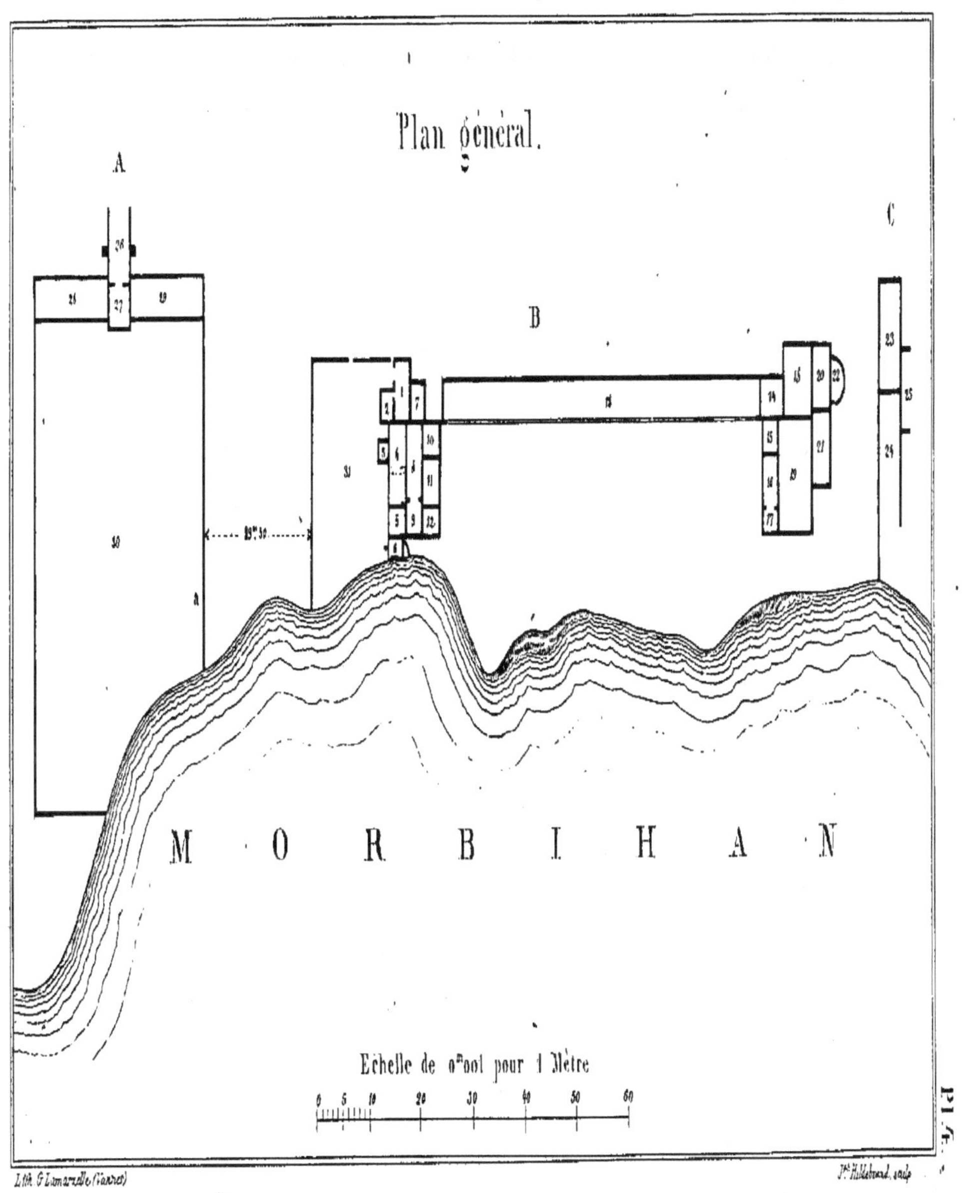
Plan général.
A
B
C
MORBIHAN
Echelle de 0m,001 pour 1 Mètre
0 5 10 20 30 40 50 60

en ardoises et en pierres calcaires blanches formant un dessin régulier.

L'intérieur de la plupart des appartements était décoré avec des stucs diversement colorés, une partie assez considérable d'un revêtement de ce genre a été trouvée en place à l'angle ouest de la galerie.

Groupe à l'Est du bâtiment central.

Les constructions découvertes, de ce côté, n'ont pas présenté de traces d'ornementation comparables à celles des chambres du massif central, et seulement quelques petits fragments de stuc rouge.

On a remarqué surtout une quantité considérable de fragments de vases très-minces non vernis, qui paraissent avoir eu la forme de troncs de pyramides.

Groupe à l'Ouest du bâtiment central.

Ce groupe a été découvert en dernier lieu ; il est situé sur le point culminant du terrain.

Les appartements, mis à découverts, ont présenté des traces d'une ornementation au moins égale à celles des chambres du groupe central.

On y a trouvé une console de grande dimension en marbre rouge, sur laquelle on remarque plusieurs trous de scellement qui ont reçu autrefois des crampons, mais dans l'état où les lieux ont été trouvés il a été impossible de retrouver l'emplacement probable occupé jadis par ce bloc de marbre.

Une cuve ou auge en plomb a été trouvée contre un des murs de la grande cour qui précède les édifices.

On a trouvé dans les trois groupes de constructions et principalement dans les appartements de bains du groupe central, beaucoup de fragments de poterie, des débris de vases en verre, des fragments de verre plat ; la majeure partie des débris de poterie appartient à des vases tout à fait communs. Deux vases seulement ont pu être reconstitués de manière à donner une idée complète de leurs formes.

Le nombre des monnaies trouvées dans les fouilles s'élève à 57 ; elles sont romaines, à l'exception d'un double tournois de Louis XIII, et d'un blanc d'argent de Henri III, rencontrés à l'extrémité E. des édifices.

Ces monnaies, à l'exception d'un grand bronze d'Antonin, appartiennent toutes à la période d'environ un siècle, comprise entre l'avènement à l'empire de Valérien (253 ans après J.-C.) et la mort de Constance II, arrivée en l'an 361. Elles forment une série presque continue de ceux des empereurs de cette époque qui ont régné dans les Gaules.

Relevé et dessiné par MM. GRÉGOIRE et DE FRÉMINVILLE, Ingénieurs des Ponts et Chaussées.

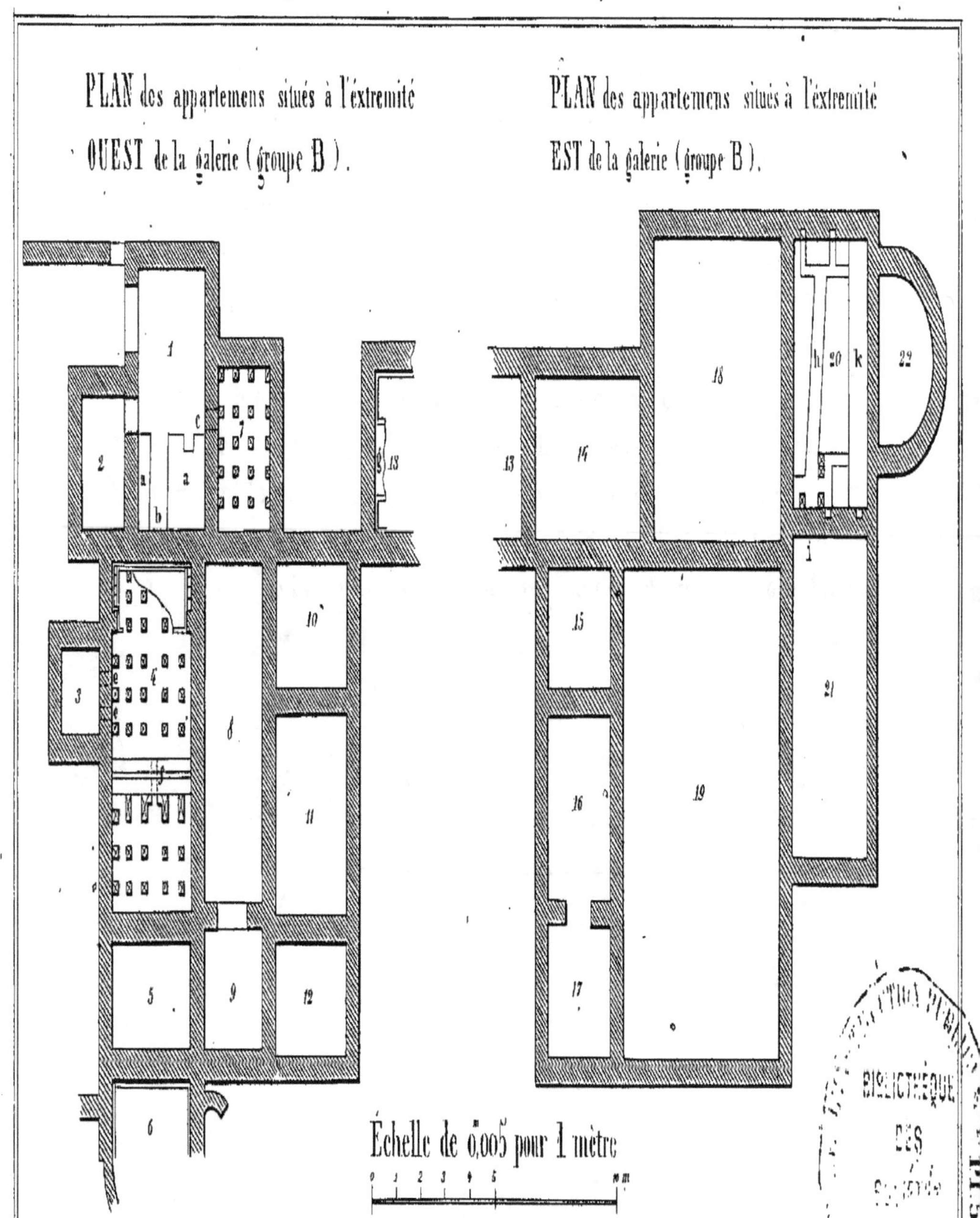

ÉTABLISSEMENT GALLO-ROMAIN

DÉCOUVERT EN 1856 AU LODO, COMMUNE D'ARRADON.

LÉGENDES DES PLANCHES.

Par M. de Fréminville, Ingénieur des ponts-et-chaussées.

PL. 4. — Légende.

Cette planche indique les trois groupes d'édifices cités dans le rapport de M. Jaquemet.

Le groupe A a dû être rapproché du groupe B pour que le dessin pût tenir dans le format de la planche; la distance réelle de ces deux groupes est de 29^m,59.

Le groupe A est établi sur le point culminant du terrain qui s'abaisse constamment jusqu'à l'emplacement du groupe C.

Les numéros des pièces du groupe B correspondent à ceux inscrits sur la planche.

26. —Pièce dallée en pierres calcaires; une plinthe composée de plaques en pierre calcaire régnait le long des murs à la rencontre du plancher; une partie de ce revêtement a été trouvée en place.

27-28-29. — Chambres avec planchers en béton; les murs de la chambre 29 ont présenté des restes de stuc encore en place.

a. — Au point *a*, dans la grande cour, on a trouvé les restes d'une auge ou grande cuve en plomb.

Les petits massifs carrés qui font saillie sur les murs de la chambre 26 étaient construits avec beaucoup de soin.

Le mur dossier de la galerie 13 était plein ; la partie antérieure donnant sur la mer paraît, au contraire, avoir été arrasée au niveau du plancher, comme si la toiture avait été soutenue par des piliers, de manière à donner à la galerie l'aspect d'un long promenoir d'où l'on jouissait de la vue du Morbihan.

PL. 5.— Plan des appartements situés à l'extrémité Ouest de la galerie (groupe B.)

1. — Cour intérieure renfermant les foyers (*præfurnium*).

2. — Chambre sans aucune trace d'ornementation ; on y a trouvé une quantité considérable de charbon.

3. — Chambre avec hypocauste intact formé par quatre piliers en briques, supportant le plancher supérieur en béton ; les murs de la chambre étaient revêtus d'un placage en pierre calcaire.

On a trouvé au pied et en dehors des murs de cette petite pièce, une quantité notable de fragments de verre plat, ayant pu servir à fermer une ouverture et fort altéré.

4. — Chambre à hypocauste partagée en deux parties par deux murets *f* en briques, distants l'un de l'autre de 0^m 10.

Le plancher supérieur de cette chambre était démoli, les piliers d'hypocauste en briques, maçonnés avec de l'argile jaune, étaient en place ; ces piliers reposaient sur un plancher inférieur en béton.

Les murets *f* étaient percés de trois ouvertures, qui permettaient à la flamme de circuler dans toute l'étendue de l'hypocauste.

5-8-9-10-11-12. — Chambres avec planchers en béton, reposant directement sur le sol ou sur des remblais en pierres sèches.

6. — Restes d'une chambre avec double plancher en béton.

Une découverte récente fait sur un autre point du Morbihan, voisin du Lodo, donne à penser que ce que l'on a cru d'abord être un double plancher, pourrait être le reste d'un ou deux degrés en béton recouverts de dallages en ardoises ou pierres calcaires, permettant de descendre dans une piscine froide qui serait alors la véritable destination de la chambre 6.

On remarque à l'extérieur des murs de la chambre 6 les amorces des murs de deux autres constructions.

7. — Chambre avec hypocauste, tuyaux de chaleur et conduits de fumée débouchant à l'extérieur des murs. Ces conduits étaient masqués par un enduit revêtu de stuc, dont quelques restes ont été trouvés en place et présentaient des dessins jaunes sur un fond blanc.

aa. — Massifs en pierre du præfurnium 1. On a trouvé les restes d'une voûte en briques qui reposait sur ces massifs.

b-c. — Ouvertures qui conduisaient la flamme : la première dans l'hypocauste de la chambre 4; la seconde dans l'hypocauste de la chambre 7.

d. — Baignoire en béton trouvée en place ; les parois intérieures de cette baignoire étaient revêtues de plaques en ardoises.

ee. — Ouvertures rectangulaires introduisant la flamme dans l'hypocauste de la petite chambre 3.

13. — Extrémité Ouest de la galerie dont le mur dossier était décoré de stuc ; un panneau de cette décoration a été trouvé en place.

Un solin en mortier, faisant les retours indiqués sur le plan, montre qu'il existait en g une construction dont on n'a pas trouvé d'autre trace.

On a rencontré en dehors et au pied du mur, en face de l'espace g, plusieurs fragments de plaques en schiste ardoisier.

Plan des appartements situés à l'extrémité Est de la galerie (groupe B).

13. — Extrémité Est de la galerie.

14-15-16-17-18-22. — Chambres avec planchers en béton.

19. — Chambre avec plancher en béton, couvert d'un dallage en ardoises et en pierres calcaires formant un dessin régulier disposé en damier, avec bordures blanches et noires.

20. — Chambre avec hypocauste, conduits de chaleur montant le long des murs, et conduits de fumée débouchant à l'extérieur.

L'hypocauste trouvé intact se compose de conduits h ménagés dans le massif de maçonnerie qui supportait le plancher ; quatre piliers en briques se trouvaient placés près de l'ouverture i qui servait à l'introduction de la flamme.

Le plancher de la chambre 20 se partageait en deux parties, l'une k revêtue d'un béton très-dur reposait sur un massif plein ; l'autre chauffée par l'hypocauste était facile à entamer.

21. — Præfurnium, la flamme du foyer se rendait aux conduits de l'hypocauste de la chambre 20, par une ouverture voûtée en briques, i.

Les chambres 20-22, dont les planchers sont de plain-pied, sont séparées par un mur arrasé à la hauteur de 0^{m} 50.

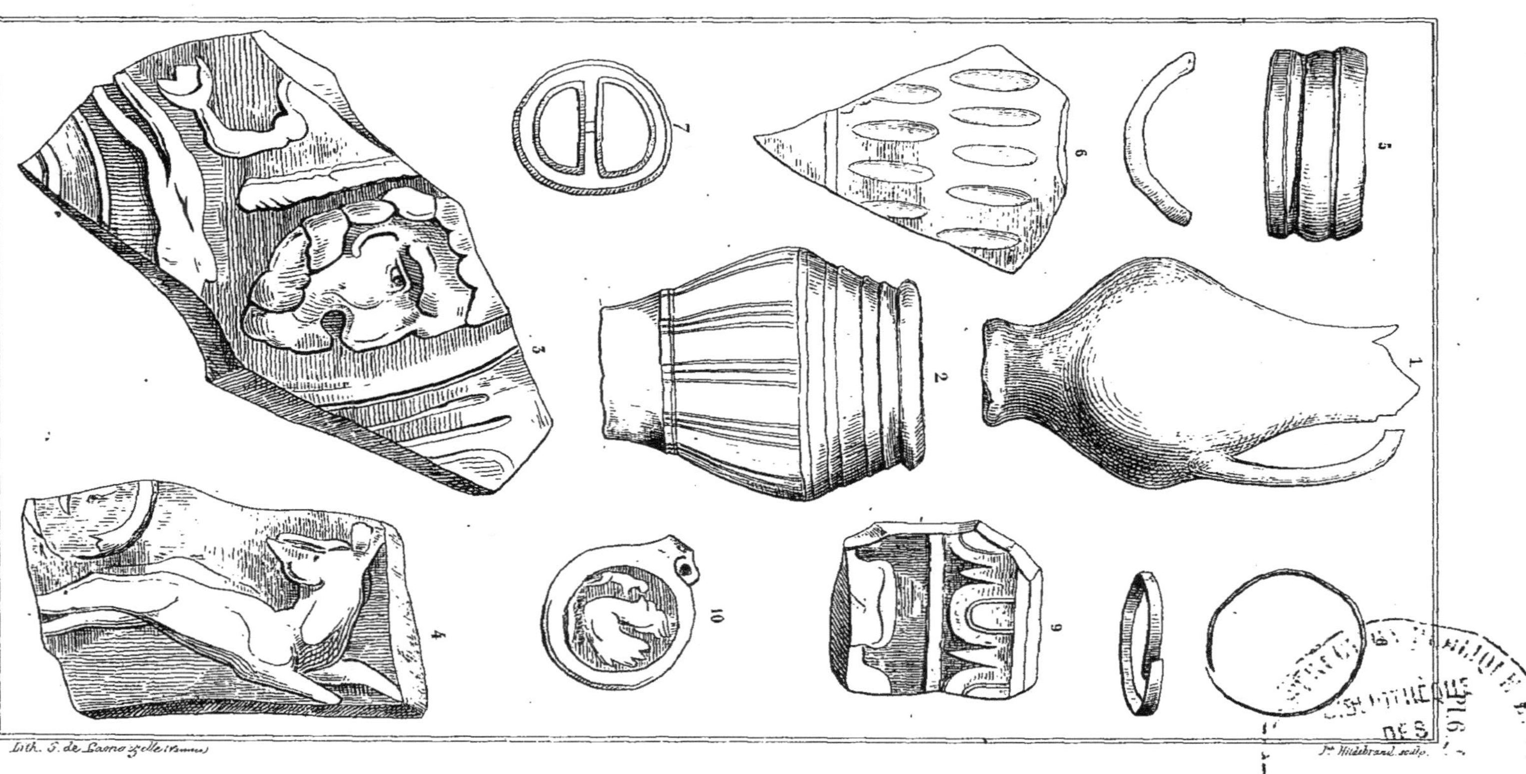

OBJETS TROUVÉS DANS LES FOUILLES FAITES AU LODO COMMUNE D'ARRADON.

Relevé et dessiné par MM. GRÉGOIRE & DE FRÉMINVILLE, Ingénieurs des Ponts et Chaussées.

PL. 6.— Objets trouvés dans les fouilles.

On a représenté seulement un petit nombre d'objets choisis parmi les débris qui ont été recueillis :

1° Vase en terre noire, recouvert d'un vernis noir, trouvé dans le præfurnium 1 , représenté au quart de grandeur naturelle.

2° Vase en terre, recouvert d'un vernis noir, le fond est mat, les bandes verticales sont brillantes.

Ce vase a été trouvé dans l'hypocauste de la chambre n° 7 ($^1/_4$ de grandeur).

3-4. — Fragments de poterie, pâte et vernis rouge (grandeur naturelle).

5. — Fragment d'anneau ou de bague en verre bleu clair mat (grandeur naturelle).

6.— Fragment de vase en verre blanc très-mince taillé à la meule, irisé (grandeur naturelle); plusieurs autres fragments du même genre ont été trouvés, ils sont tous taillés à la meule.

7. — Boucle en bronze (grandeur naturelle).

8. — Petit anneau en bronze très-mince (grandeur naturelle).

9. — Fragment de poterie, pâte et vernis rouge; une quantité considérable de débris de poterie grossière a aussi été trouvée.

10. — Petit médaillon ou amulette, en verre profondément altéré, le revers est uni et ne paraît avoir jamais reçu aucune empreinte.

DESCRIPTION DES MONNAIES

TROUVÉES DANS LES FOUILLES DU LODO.

Par M. de Fréminville, Ingénieur des ponts-et-chaussées.

ANTONINUS . PIVS.

(G B). Tête laurée à droite; autour ANTONINVS AVG. P.....

℞. Le génie du sénat romain sous les traits d'un homme vêtu de la toge, tenant de la main droite une corne d'abondance et de l'autre le sceptre d'ivoire, marque distinctive des consuls; dans le champ, S C., autour : légende illisible.

VALERIANVS.

(PB). Tête à droite avec couronne radiée.

Leg : IMP. VALERIANVS AVG.

℞ Deux guerriers, tenant la lance et le bouclier.

Leg : P. M. TR. P. COS IIII P. P.

VICTORINVS SENIOR.

(P B). Tête barbue à droite avec couronne radiée.

Leg : IMP. C. VICTORINVS.

℞. Soldat debout, tenant d'une main une lance, l'autre main appuyée sur un bouclier.

Leg : VIRTVS AVG.

(P B). Tête barbue à droite avec couronne radiée.

Leg : IMP. C. VICTORINVS P. AVG.

℞. La paix debout. Leg : (pa) X AVG.

dans le champ V.X.

—

TETRICVS SENIOR.

(P B). Tête barbue à droite avec couronne radiée.

Leg : IMP. C. TETRICVS. P. F. AVG.

℞. Prêtresse debout tenant de la main gauche une branche d'olivier, et de la droite une patère au-dessus d'un autel.

Leg : (S) ALVS . AVGG.

—

MAXIMIANVS HERCVLES.

(P B). Buste à droite avec couronne radiée et cotte de mailles.

Leg : MAXIMIANVS P. F. AVG.

℞. Figure debout tournée à gauche, couronne radiée, tenant un globe de la main gauche, la main droite levée.

Leg : ORIENS AVGG. exergue : B.

CONSTANTIVS (PRIMUS).

(P B). Buste lauré à droite avec cotte de mailles, figure barbue.

Leg : CONSTANTIVS. NOB. C.

ꝶ. Le génie du peuple Romain, tenant de la main gauche une corne d'abondance et de la main droite une patère.

Leg : GENIO POPVLI ROMANI.; exergue : B.

—

CONSTANTINVS.

(P B). Buste lauré à droite.

Leg : IMP. CONSTANTINVS. P. F. AVG.

ꝶ. Soleil levant, tenant un globe de la main gauche.

Leg : SOLI INVICTO COMITI; dans le champ, T. F.; exergue : R. T. R.

(P B). Buste lauré à droite.

Leg : CONSTANTINVS P. F. AVG.

ꝶ. Le Dieu Mars s'appuyant de la main droite sur une haste et de l'autre sur un bouclier.

Leg : MARTI CONSERVATORI; dans le champ, T. R.; exergue : P. T. R.

(P B). Buste à droite avec draperie et couronne gemmée.

Leg : CONSTANTINVS. MAX. AVG.

ꝶ. Deux guerriers appuyés sur leurs lances, le glaive à la main; entre eux, insignes militaires.

Leg : GLORIA EXERCITVS; exergue : T. R. P.

ÉTABLISSEMENT GALLO-ROMAIN découvert en 1842 à St CHRISTOPHE Commune d'ELVEN, par Mr THAN Cap.e au 4e de Ligne.
Relevé et dessiné par Mr DE BRÉHIER
Plan
Sud
Nord
a
b
c
e
Echelle de 0m005 pour 1 mètre.
0 1 2 3 4 5 6 7 8 9 10m 15m 20m

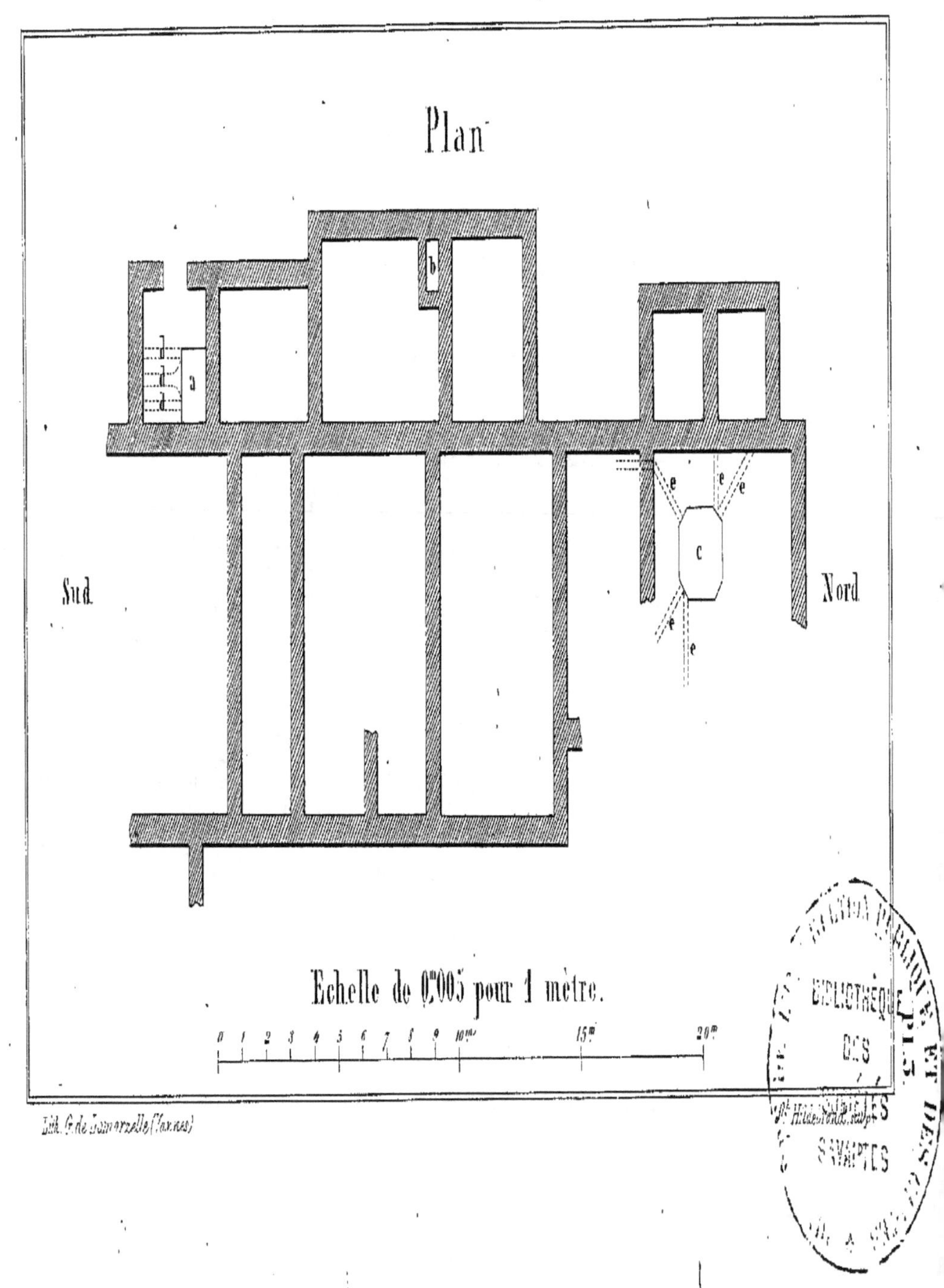

(P B). Tête laurée à droite.

    Leg : CONSTANTINVS. MAX. AVG..

      ℞. Deux soldats portant la lance et le bouclier ; entre eux, insignes militaires.

    Leg : GLORIA EXERCITVS ; exergue : P. CONS.

—

CRISPVS.

(P B). Tête à droite avec couronne radiée.

    ℞. Autel surmonté d'une sphère.

—

VRBS ROMA.

(P B). Buste casqué.

    Leg : VRBS. ROMA.

      ℞ La louve allaitant les deux jumeaux ; au-dessus : deux étoiles ; exergue : TRP avec une étoile à droite.

(P B). Même type que la précédente.

    Leg : VRBS. ROMA.

      ℞. La louve allaitant les deux jumeaux ; au-dessus : deux étoiles, et entre elles, une palme ; exergue : S. CONST.

—

CONSTANTINOPOLIS.

(P B). Buste de femme casqué et lauré.

    Leg : CONSTANTINOPOLIS.

      ℞. Génie ailé, monté sur un navire.

    Exergue : TRP avec une étoile à droite.

(P B). Mêmes types que la précédente sur les deux faces.

Au revers, exergue : P. B. C.

—

CONSTANTINVS (JUNIOR).][

(P B). Tête laurée tournée à droite.

Leg : CONSTANTINVS IVN. NOB. C.

℞. Une couronne de laurier, le bas de la couronne maintenu par une bandelette, dont les bouts flottants forment le cadre de l'exergue ; au haut de la couronne un petit cercle.

Leg : CAESARVM NOSTRORVM.

Dans la couronne, VOT. X. ; exergue : S. T. R.

(P B). Buste de l'Empereur à droite, tête laurée.

Leg : CONSTANTINVS. IVN. NN. C.

℞. Deux soldats, tenant d'une main une lance, de l'autre le bouclier, entre eux, deux enseignes.

Leg : GLORIA EXERCITVS ; exergue : P. CONS.

(P B). Buste à droite ; tête jeune et imberbe, couronne radiée.

Leg : CONSTANTINVS. IVN. NOB. C.

℞. Deux génies ailés soutenant un cartouche qui repose sur un socle, le génie placé à droite tient le cartouche des deux mains.

Le génie, placé à gauche, a la main gauche appuyée sur la partie supérieure ; il tient de la main droite un style avec lequel il montre l'inscription VOT. PR. placée sur le cartouche.

Sur le socle, C.

Leg : VICTORIAE LAETAE PRINC. PVRP.; exergue : F. F.

(P B). Buste lauré de l'Empereur tourné à gauche.

Leg : CONSTANTINVS. IVN. NOB. C.

℞. Basilique, au-dessus une étoile; dans le champ, S. F. séparées par le monument.

Leg : VIRTVS. AVGG.; exergue : P. CONST.

—

CONSTANS (constant).

(P B). Buste de l'Empereur tourné à droite, couronne gemmée.

Leg : CONSTAN. P. F. AVG.

℞. Deux génies, tenant chacun une patère ou un petit cercle d'où pend une bandelette.

Leg : illisible, on distingue seulement les deux lettres NS. qui se suivent sans interruption; exergue : COS.

(P B). Buste de l'Empereur tourné à droite, la tête ceinte d'une bandelette.

Leg. D. N. CONSTANS. P. F. AVG.

℞. Navire conduit par un personnage assis; un guerrier se tient à l'autre extrémité du navire, debout, appuyé d'une main sur une enseigne qui porte une croix; il tient l'autre main étendue, et on distingue les vestiges d'une statuette que cette main supportait.

Leg : REPARATIO; exergue : P. L. C.

(P B). Buste de l'Empereur, le corps de face, la tête de profil, tournée à droite, couronne gemmée.

Leg : CONSTANS. P. F. AVG.

℞. Deux soldats, tenant chacun d'une main une lance et de l'autre un glaive.

Leg : GLORIA EXERCITVS ; exergue : TRS.

MAGNENTIVS.

(P B). Tête nue de l'Empereur tournée à droite ; à gauche de la tête, dans le champ, A.

Leg : D. N. MAGNENTIVS. P. F. AVG.

℞. Un guerrier à cheval frappe de sa lance un soldat à genoux, et qui élève une main comme pour demander grâce. Sous le cheval, une lance brisée et un bouclier.

Leg : GLORIA ROMANORVM ; exergue : P. L. C.

CONSTANTIVS (CONSTANCE).

(P B). Buste armé de l'Empereur tourné à droite, tête laurée.

Leg : FL. IVL. CONSTANTIVS AVG.

℞. Deux soldats tenant chacun d'une main une lance, de l'autre un glaive, entre eux, deux enseignes.

Leg : GLORIA EXERCITVS, exergue : TR. P.

(P B). Tête laurée de l'Empereur tournée à droite.

Leg : illisible, sauf le dernier mot AVG.

℞. Un guerrier à cheval, marchant à droite, se retourne et étend le bras gauche vers un autre guerrier qui veut le frapper avec une lance ; au-dessus de ce groupe, IMPEFIT, la cinquième lettre est très-fruste, et on pourrait lire IMPERIT ou IMPEDIT. La ressemblance des types a fait attribuer cette monnaie à Constance. Cette attribution ne peut cependant être regardée comme certaine.

M. Lallemand, juge de paix à Vannes, et l'un des membres les plus actifs de la Société archéologique, a publié dans l'Annuaire du Morbihan, pour l'année 1857, un mémoire dans lequel il a décrit deux monnaies de Magnence trouvées sur d'autres points du Morbihan ; il a cherché dans ce mémoire à rattacher les médailles trouvées au Lodo, aux événements les plus saillants des règnes des empereurs qu'elles représentent.

Nous renvoyons le lecteur à ce mémoire pour tous les détails qui ne pouvaient trouver place dans une description sommaire.

ÉTABLISSEMENT GALLO-ROMAIN

DÉCOUVERT EN 1857,

A SAINT-SYMPHORIEN

(PRÈS VANNES).

—

Rapport présenté au nom de la commission des travaux, par MM. de Fréminville et Grégoire, ingénieurs des ponts et chaussées.

Exposé.

Le défrichement d'une portion de terre, près de l'ancienne chapelle de Saint-Symphorien, avait mis à nu le plancher en béton d'une chambre dont l'aspect annonçait une construction de l'époque gallo-romaine.

La Commission des travaux a procédé immédiatement à l'examen de ces restes curieux ; on a promptement reconnu qu'ils appartenaient à un édifice d'une certaine importance, et qu'on a mis en grande partie à découvert.

Les fouilles sont maintenant suspendues ; elles ont été faites dans tout l'espace compris entre le mur de l'ancienne chapelle de Saint-Symphorien et les terrains ensemencés qu'on ne pourra entamer qu'après la récolte. De nouvelles recherches, faites à cette époque,

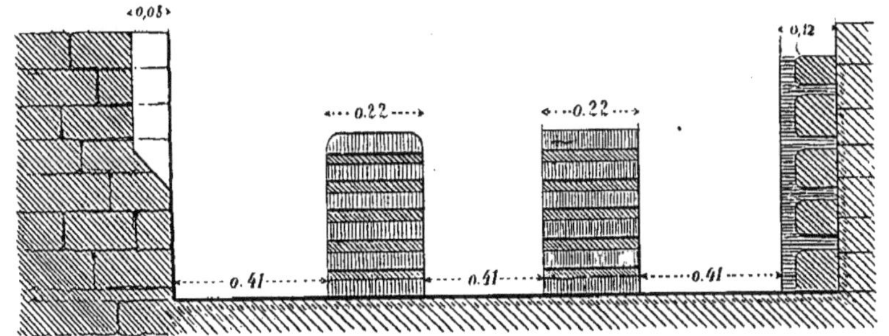
Coupe en travers de la Chambre Nº 7 suivant c.c.
0,08
0,12
0.22
0.22
0.41
0.41
0.41

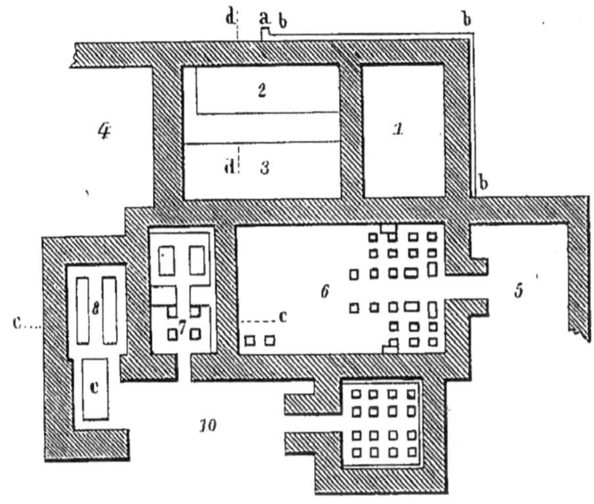
PLAN
d a b
b
b
2
1
4
d 3
8
7
c
c
6
5
e
10

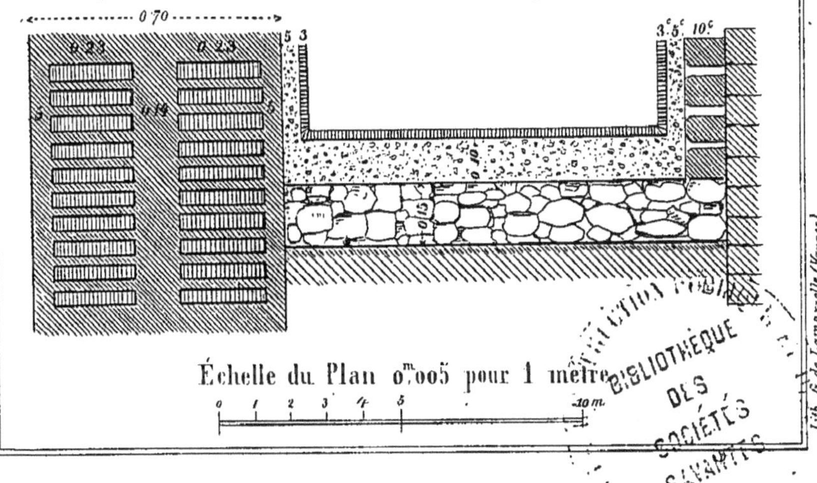
Coupe en travers de la Chambre Nº 2 suivant d.d.
0.70
0.23
0.23
0.14
3.5 10
Échelle du Plan 0m.005 pour 1 mètre
0 1 2 3 4 5 10 m

ÉTABLISSEMENT GALLO-ROMAIN découvert en 1857 à St SYMPHORIEN près VANNES.
Relevé et dessiné par MM. JI GRÉGOIRE et DE FRÉMINVILLE Ingénieurs des Ponts et Chaussées

Jh Hildebrand sculp.
Lith. G. de Lamarzelle (Vannes).

permettront probablement de déterminer d'une manière plus complète l'importance des constructions, et de reconnaître si elles se prolongent au-delà des limites actuelles.

Le système de construction des portions d'édifice encore existantes, les fragments de poterie, ainsi que les deux médailles trouvées dans la fouille, permettent d'affirmer qu'il s'agit encore dans ce cas, comme à Arradon, des ruines d'un établissement gallo-romain. Toutefois, les murs étaient moins bien conservés que ceux de la villa du Lodo; la plupart avaient été rasés au niveau des planchers; dans certaines parties, ils ne présentaient qu'une faible hauteur au-dessus des hypocaustes. Cependant, leurs contours ont pu être déterminés avec précision dans toute l'étendue embrassée par le plan.

Quelques-uns des murs étaient garnis, à l'intérieur, de revêtements en maçonnerie de briques ou de moellons, paraissant destinés à préserver de l'humidité les parties basses de l'édifice. On remarque ici, comme dans toutes les constructions du même genre, les soins tout particuliers apportés à leur exécution.

L'ensemble de la découverte comprend en tout dix pièces, dont trois étaient pourvues d'hypocaustes de différents systèmes; trois autres pièces paraissent avoir servi de cour ou de *præfurnium;* les autres offraient l'apparence de chambres ou appartements ordinaires avec planchers en béton, et présentaient des degrés variables d'ornementation.

Les détails qui vont suivre donnent les renseignements nécessaires pour l'intelligence du plan. (Pl. 7.)

Chambre nº 1. — Le plancher de cette chambre, construit avec un très grand soin, reposait sur un blocage en moellons et se composait de quatre couches successives : la première, en béton avec mortier de chaux; la seconde, en ciment rouge; la troisième, en briques posées à plat; et enfin la dernière, également en ciment, supportant le carrelage supérieur en pierre calcaire.

Chambres N°^{os} 2 et 3. — Le muret qui sépare la chambre 2 de la chambre 3 est simplement accolé aux murs extérieurs; il se compose d'une double rangée de briques posées à plat avec mortier de chaux et brique pilée. Le dallage de la chambre 2 était intact; il se composait de carreaux blancs en pierre calcaire, séparés, au milieu de l'appartement, par une plaque d'ardoise; le placage qui recouvrait la paroi intérieure des murs offrait une disposition toute semblable.

Le plancher de cette chambre ayant été démoli par le propriétaire du terrain, on a pu constater ce fait singulier qu'il existait un second plancher en ciment, séparé du précédent par un blocage en petits matériaux, de 0^m 15 d'épaisseur.

Ce second plancher a dû être autrefois dallé, car il porte encore les traces bien évidentes des carreaux qui l'ont recouvert. Les pièces 2 et 3 n'étaient donc peut-être que des parties distinctes d'un même appartement.

Un conduit, traversant le bas du mur extérieur paraît avoir servi à évacuer les eaux soit de la chambre 2, soit de la chambre 3. Le revêtement qui règne au pourtour de l'édifice jusqu'au mur du præ-furnium 5, avait sans doute pour but d'éloigner les eaux déversées par ce conduit.

Cours N°^{os} 4, 5 et 10. — Les pièces qui portent les N°^{os} 4, 5 et 10 sont évidemment des cours; les fouilles ont été descendues jusqu'au terrain naturel sans qu'on y rencontrât aucunes traces de planchers.

Les massifs établis contre les ouvertures qui mettent les cours 5 et 10 en communication avec les appartements adjacents indiquent suffisamment l'existence d'un *præfurnium* dans chacune d'elles. On n'a pu reconnaître les limites exactes de ces différentes cours : l'une d'elles, celle N° 4, s'étend sous la chapelle; les murs de clôture des deux autres étaient interrompus.

Chambres 6 et 9. — Les hypocaustes de ces deux chambres, formés uniquement de piliers en briques, et communiquant chacun avec un præfurnium distinct, constituaient un moyen de chauffage énergique. On doit peut-être voir dans ces pièces des appartements de bains; leur disposition a une analogie frappante avec celle des appartements semblables de la villa du Lodo.

Le rapprochement des piliers d'hypocauste les plus voisins de la bouche du foyer permettrait de supposer qu'il existait dans cette partie de la chambre N° 6 une baignoire élevée.

Chambre N° 7. — L'hypocauste de la chambre N° 7 offrait une disposition toute particulière. La flamme circulait entre des piliers de briques sous la première moitié environ de l'appartement; deux conduits de chaleur, que les dimensions du plan n'ont pas permis de représenter, s'élevaient dans la paroi du mur qui sépare les pièces N°s 7 et 8. La seconde partie de l'hypocauste était formée par des massifs en maçonnerie enduits de mortiers. Cette disposition montre que la chambre N° 7 devait se composer de deux parties inégalement chauffées.

Chambre N° 8. — Le plancher de cette chambre subsistait en majeure partie; il se composait d'une couche de béton reposant sur des dalles en granit qui s'appuyaient elles-mêmes sur les murs latéraux et sur les massifs intérieurs en maçonnerie que le plan indique. Les intervalles de ces piliers étaient entièrement remplis de terre franche; les massifs reposaient sur une aire grossière en béton, Enfin on n'a rencontré dans cette partie de l'appartement aucunes traces de cendres ni de suie, tandis que ces traces étaient abondantes dans les autres pièces à hypocauste. Il y a donc lieu de penser que ces massifs étaient destinés seulement à racheter la différence de hauteur qui existait entre le sol naturel et l'aire de la chambre, ainsi qu'à éloigner toute humidité. Le massif *c*, revêtu d'un enduit en ciment, faisait au contraire probablement partie d'un hypocauste.

Objets trouvés dans les fouilles. — Les objets trouvés dans les fouilles, quoique peu nombreux, offrent un certain intérêt.

Ce sont d'abord trois fragments de poterie, ornés de dessins en creux, et quelques morceaux de verre plats.

Deux médailles en bronze, de petit module, assez bien conservées, mais d'une exécution médiocre et d'une lecture difficile, ont été trouvées à la suite de la cour Nº 5.

L'une d'elles porte une tête casquée et laurée de Constantin, avec la légende : IMP. CONSTANTINVS AVG ; au revers : deux génies ailés tenant un bouclier votif sur un autel, avec l'inscription : VOT. XX ; la légende est illisible ; à l'exergue : PTR.

La seconde médaille, d'un style barbare, représente : à l'avers, une tête diadémée et quelques caractères qui n'ont pas présenté de sens ; au revers, un personnage tenant une lance inclinée.

Conclusion.

Les terrains environnant les villages de Saint-Symphorien et de Saint-Guen ont été signalés, depuis longtemps, comme renfermant de nombreux débris gallo-romains. Les recherches déjà faites, il y a une quinzaine d'années, par M. J.-M. Galles, membre de la Société archéologique, avaient amené la découverte de plusieurs portions d'*aréa* dans un champ situé à quelques centaines de mètres de l'emplacement des fouilles actuelles. Le sol du cimetière de Vannes renfermait également une grande quantité de débris. Tout porte donc à penser que de nouvelles recherches mettraient sur la trace d'un ensemble considérable de substructions et offriraient peut-être le plus haut intérêt au point de vue historique de l'occupation romaine dans la capitale de la Vénétie.

ÉGLISE DE TAUPONT

(ARRONDISSEMENT DE PLOERMEL).

—

Extrait d'une Notice de M. l'abbé Mouillard, par M. Amand Taslé, notaire.

———◇◇◇———

M. l'abbé Mouillard a communiqué, en 1854, à la Société une notice sur l'église de Taupont, dans l'arrondissement de Ploërmel, et sur le château ou manoir de Bréhault, ayant appartenu à une famille aujourd'hui éteinte, mais qui, au XVe siècle, a joué un certain rôle dans l'histoire de Bretagne.

Au point de vue archéologique, le manoir de Bréhault, renfermé dans une enceinte étroite, offre les caractères des constructions du XVe siècle; mais aucun détail d'architecture ne mérite une mention particulière.

Il n'en est pas ainsi du pignon occidental de l'église paroissiale de Taupont. Ce pignon, dont les deux rampants sont garnis de feuilles recourbées, est orné d'un immense arc ogival le long duquel serpentent deux branches entrelacées et profondément fouillées : l'une de chêne, avec ses glands; l'autre de vigne, avec ses grappes de raisin becquetées par des oiseaux.

Cet arc encadre les deux portes symboliques surmontées d'un

tympan que garnit un massif de feuillage et de fleurs, s'épanouissant au sommet en formé d'un panache à quatre lobes.

Dans le cimetière de Taupout s'élève une charmante croix, haute de quatre à cinq mètres, ayant la forme de celles que l'on désigne sous le nom de *pitié*, et dont notre département possède un grand nombre.

M. Mouillard mentionne en outre, en passant, une autre croix connue encore aujourd'hui sous le nom de *croix de la maladrerie*, quoiqu'il n'existe plus dans les environs aucune trace de l'asile consacré par la religion à la souffrance, et dont cette croix indique le voisinage. Elle est située sur la route de Ploërmel à Josselin, à un kilomètre environ de l'église de Taupont.

CHAPELLE DE SAINT-AVÉ

(BOURG D'EN BAS).

—

Extrait d'un mémoire de M. L. Galles (1854), par M. L. Rozensweig,
archiviste du Morbihan.

Située sur le bord de la grande route de Vannes à Josselin, à quatre kilomètres de Vannes, cette chapelle ne laisse pas que d'offrir un certain intérêt aux archéologues et même aux simples curieux.

Bâtie au XVe siècle, sous les auspices du duc de Bretagne et de quelques seigneurs du pays, dont les armes décorent soit les sculptures de la voûte, soit les vitraux, tels que les Malestroit, Rieux et Rochefort, Coëtlagat, etc., elle présente dans son plan une croix latine; ses murs sont soutenus par de simples contreforts; ses arcs ogivaux, ses fenêtres à meneaux flamboyants, sa porte occidentale, surmontée de plusieurs moulures ogivales superposées, sa voûte en bois à arêtes, nervures et clefs sculptées, attesteraient suffisamment l'époque de sa construction, si nous n'en avions d'ailleurs les dates précises.

C'est à l'intérieur surtout qu'il faut étudier avec attention un bénitier à huit pans soutenu par une colonne prismatique, trois rétables sculptés en bas-reliefs, dont deux en pierre et un en marbre, représentant : l'un l'Annonciation et l'Adoration des Mages, les deux autres des scènes diverses de l'Ecriture où les personnages abondent; on n'en compte pas moins de quarante-sept dans l'un d'eux. Jetons maintenant les yeux sur les sablières du chœur et de la nef; une légende nous y apprend que le chœur fut construit en 1475, et le reste en 1494; au temps d'Olivier de Peillac, chanoine de Guérande, et d'André de Coëtlagat, recteur de Saint-Avé. Les mots de cette légende sont entrecoupés de sculptures bizarres, parfois indécentes, surtout celles de la nef, mais toujours fort curieuses.

Admirons encore, avant de sortir, la croix de bois qui se trouve à l'intertranssept, et le dais finement découpé qui la surmonte; c'est l'œuvre d'un habile ouvrier de l'an 1500, ainsi que l'indique l'inscription qu'elle porte.

A l'extérieur, à l'ouest de la chapelle, on doit s'arrêter encore devant un calvaire et une fontaine chargés de sculptures de la même époque, où l'on reconnaît aussi différentes scènes de la Bible.

Si l'on veut enfin se rendre un compte exact du vocable de cette curieuse chapelle, M. L. Gallès nous l'apprend avec des arguments irréfutables. Quelques antiquaires y ont voulu voir le nom de sainte Avoie, martyre; n'est-il pas plus naturel d'y reconnaître, avec notre honorable confrère, le premier mot par lequel l'ange Gabriel salua la Vierge, mère du Sauveur; tout nous confirme dans cette opinion; la fête du bourg se célèbre précisément le jour de l'Annonciation, la scène de l'Annonciation est reproduite par les bas-reliefs que nous avons signalés, sur l'un des rétables, aux fresques dont on voit encore quelques traces à la voûte des transsepts, enfin sur la croix qui est à l'entrée de la chapelle; la statue de sainte Avoie ne s'y trouve même pas.

ÉGLISE PAROISSIALE DE SAINT-LÉRY

ARRONDISSEMENT DE PLOERMEL.

Extrait d'un mémoire de M. L. Galles (1854), par M. A. Taslé.

L'église de Saint-Léry a été l'objet d'une communication faite à la Société, en juillet 1854, par M. Louis Galles.

Dans l'opinion de notre collègue, la construction de cette chapelle, qui remonte aux XIVe et XVe siècles, contient quelques détails d'ornementation qui lui ont paru mériter une mention particulière.

La porte méridionale est enrichie de sculptures symboliques exécutées avec la naïveté qui caractérisait les artistes du XVe siècle.

L'une de ces sculptures fait tableau ; elle représente le premier homme, après sa chute, livré aux obsessions des sept péchés capitaux. De l'autre côté de la porte, l'artiste a sculpté saint Michel terrassant le démon.

Au-dessus, deux statues représentent : l'une la Vierge, et l'autre l'ange Gabriel, lui annonçant qu'elle a été choisie pour devenir la mère du Sauveur.

La grande fenêtre du transsept S. est ornée de vitraux endommagés, qui, pour la plupart, représentent les circonstances principales de la vie de la Vierge.

Le tombeau de saint Léry, situé au côté nord de la nef, a été, suivant M. Galles, construit au XVe siècle. Le saint est représenté couché; il est revêtu de son costume monacal, et tient la crosse à la main. Les parois du tombeau sont recouvertes de plaques en schiste, sur lesquelles sont sculptés quatre anges aux ailes déployées.

Au-dessus du tombeau, on remarque un panneau en bois divisé en deux compartiments. L'un d'eux représente la mort du saint; le second représente les détails de son inhumation. Sa châsse est portée par deux moines, et son âme s'envole au ciel sous la forme du saint lui-même, soulevé par deux anges.

HISTOIRE

DE LA

CATHÉDRALE DE SAINT-PIERRE

DE VANNES.

—

Extrait d'un Mémoire de M. l'abbé Mouillard (Mars 1857),
par M. Lallemand, juge de paix.

I.

La cathédrale de Vannes occupe l'emplacement de la première église, berceau du christianisme dans notre diocèse.

L'abbé Mouillard cite à ce sujet ce qu'Albert-le-Grand, dominicain de Morlaix, dans son *Catalogue chronologique et historique des évêques de Vannes;* Baillet, dans sa *Vie des Saints,* à celle de saint Patern ; et l'abbé Bourrassé, dans *Les Cathédrales de France,* disent de cette première église de Vannes.

Suivant le premier, Patern, IIe du nom, aurait converti en église le palais du comte Guerech, gouverneur de Vannes sous le roi de Bretagne Alain I, en 575 ; suivant Baillet, cette conversion aurait eu lieu avec la permission d'un roi Caradauc, alors maître du pays de

Vannes. Cette version a été adoptée par l'abbé Bourrassé avec quelques modifications.

Au temps que la cité se gouvernait indépendante, régie seulement
par les lois du municipe, elle fit construire, à grands frais, un édifice
somptueux en rapport avec la richesse publique. Ce monument, des-
tiné aux réunions solennelles des citoyens, s'élevait majestueusement
au cœur de la ville. Il dut être, dès le principe, consacré à des usages
profanes, peut-être même au culte idolâtrique. Saint Patern, le premier évêque de Vannes, chercha les moyens de procurer au trou-
peau qu'il gouvernait un édifice convenable pour l'assemblée des
fidèles. Il obtint sans peine de convertir en église l'édifice aupara-
vant consacré aux mystères dégradants du paganisme, et après
l'avoir purifié, il y célébra l'auguste sacrifice. Vers le milieu du
Ve siècle, les offices chrétiens s'y faisaient avec beaucoup de pompe.

Rien ne prouve cette construction s'élevant majestueusement
au chœur de la ville, encore moins sa destination publique ou
idolâtrique.

Voici tout ce que nous en apprend l'histoire :

Vers le milieu du Ve siècle, en 465 ou 468, le métropolitain de
Tours, Perpetuus ; les évêques de Rennes, Athénius ; de Nantes,
Nunéchius, assistés des évêques Albinus et Liberalis, dont on ignore
les siéges, écrivaient à Victorius, évêque du Mans et à Talasius,
évêque d'Angers, qu'ils étaient assemblés dans l'église de Vannes
pour y sacrer un évêque ou y fonder un évêché : *Quoniam nos in
ecclesia Venetica, causa ordinandi episcopi (alias episcopatus)
congregavit* (1), et le XIVe des canons rapportés dans cette lettre

---

(1) Concilium Veneticum apud Philip. Labbei et Gabr. Cossarti, *Sacro sancta
Concilia*, t. IV, col. 1054.

synodale privait de la Communion pendant sept jours les clercs qui, n'étant pas malades, et habitant dans l'enceinte de la ville, *intra muros civitatis,* ne s'y rendraient pas à l'office de matines ; le XVe canon voulait aussi que dans toute la province (la IIIe lyonnaise) les cérémonies sacrées et la psalmodie fussent uniformes comme la foi des fidèles.

Tel est le plus ancien document historique qui parle d'une église dans notre diocèse.

Ainsi donc, lorsque saint Patern fut sacré Ier évêque de Vannes, il existait, dans l'enceinte de la ville, une église où le culte divin se célébrait avec pompe et régularité.

Malgré ses pressantes sollicitations, saint Patern ne put obtenir, de son vivant, un emplacement où il voulait bâtir une église, nous apprend le *Propre des Saints* du diocèse de Vannes, de 1660. Ce ne fut qu'après sa mort qu'un riche et puissant habitant de Vannes promit et accorda, pour obtenir des reliques de ce saint patron, cet emplacement où fut bâtie, en dehors des murs, l'église de Saint-Patern.

Il n'y a deux saints Patern que pour ceux qui admettent, comme Albert-le-Grand et Baillet, Conan Mériadec, la monarchie unitaire de Bretagne, et les rois fabuleux Alain, Hoël, Caradauc, et autres successeurs de Conan. La ville de Vannes, au temps de saint Patern, se gouvernait indépendante sous les procurateurs de la cité, remplaçant son municipe romain. L'émigration bretonne n'a eu lieu, dans le pays de Vannes, qu'au VIe siècle. Guérech I n'a pas résidé dans cette ville, et, à l'époque dont parlent ces auteurs, ce n'était pas Patern II qui occupait le siége épiscopal, mais le renégat Macliau, père de Guérech II.

II.

L'église épiscopale de Vannes, comme la ville elle-même, défendue par le roi Erispoé, après avoir résisté aux premières invasions normandes en 855, fut prise et ravagée par ces *fléaux de Dieu,* et resta exposée à leurs déprédations pendant trente ans (907–937).

Des chapiteaux romans et des débris rappelant l'époque romano-byzantine, trouvés lors de la démolition de la chapelle Saint-Jean, en 1856; la similitude du plan et de la description de la très ancienne église remplacée par la cathédrale actuelle, avec l'abside de l'église encore subsistante de Saint-Gildas de Rhuys, feraient supposer qu'à la même époque (XIIe siècle) la cathédrale de Vannes fut aussi restaurée, restauration qui aurait été terminée au XIIIe siècle, par la construction du clocher, de sa flèche, et du pignon O., la plus ancienne des parties de ce monument, tel qu'il existe de nos jours.

Elle est l'œuvre des siècles, depuis le XIIIe jusqu'au XVIIIe. Les genres d'architectures les plus divers s'y rencontrent et s'y coudoient; de là ce défaut d'ensemble et de grandiose qui frappent à la vue de nos belles églises romanes ou gothiques construites sous l'empire d'un plan ou d'une pensée unique. Mais les documents retrouvés par M. l'abbé Mouillard nous présentant l'historique de cette cathédrale, écrit dans six bulles de papes, et donnant ainsi des dates précises et des chiffres exacts sur les divers modes de construction religieuse en Bretagne, du XIIIe au XVIIIe siècle, rendent l'étude de ce monument des plus intéressantes pour l'archéologue comme pour l'historien.

III.

La cathédrale actuelle affecte la forme d'une croix latine orientée du S.-O. au N.-E. Elle se compose d'une nef avec cinq chapelles latérales de chaque côté du transsept et du chœur, à l'extrémité duquel se trouve la chapelle Saint-Vincent.

La tour et le pignon S.-O., jusqu'à la partie droite, appartiennent à la première période ogivale, ou XIIIe siècle, ainsi que l'accuse suffisamment l'emploi des moulures toriques avec mélange d'arcatures pleins-cintres et ogivales. Les premières se font remarquer à une des galeries de la façade principale. Cette tour était terminée par une belle flèche de la même époque ; elle fut abattue par la foudre le 24 février 1824, et reconstruite d'une manière déplorable aussitôt après.

La nef est du XVe siècle. Commencée vers 1450, elle ne fut terminée que dans les premières années du XVIe. Elle a demandé 60 années d'efforts et cinq bulles des souverains pontifes. Dès l'année de la mort de saint Vincent Ferrier (1419), l'évêque de Vannes, Amaury de la Motte, faisait un règlement réservant le tiers des offrandes qui affluaient au tombeau du Saint signalé par tant de miracles, pour servir à la réédification de la cathédrale, dont la ruine était imminente.

En 1432, Jean Validire, ou de Saint-Léon, ayant été transféré de Saint-Pol-de-Léon à l'évêché de Vannes, fit faire à la cathédrale des réparations importantes : le vestiaire, la salle capitulaire et la voûte en cul de four de la chapelle terminale de Notre-Dame-de-Pitié, derrière le chœur, où il fut enterré en 1444. Ce sont ces constructions en partie disparues, qui ont induit Ogée et l'abbé Mahé en erreur, et leur ont fait dire que cet évêque avait rebâti la cathédrale.

Il était réservé à son successeur, Yves de Pontsal, de commencer ces grands travaux. Le 20 septembre 1451, le pape Nicolas V lui adressait une bulle accordant pour dix années une indulgence plénière à ceux qui, contrits de cœur et confessés de bouche, visiteraient la cathédrale au jour de la fête de saint Pierre et de saint Paul, et feraient, selon leurs facultés, une aumône pour aider aux *constructions commencées.*

Le 23 juillet 1455, le pape Calixte III constatait, dans sa bulle à cette date, que les piliers de cette nef étaient élevés, mais qu'elle était entièrement découverte; et pour l'achever, ainsi que la construction d'un cloître, il accorde dix nouvelles années d'indulgence.

Le pape Pie II, à la prière du duc François II, de l'évêque et du chapitre de Vannes, prolonge de 17 ans, à partir de la date de la bulle du 6 mars 1459, les lettres accordées par ses prédécesseurs Nicolas V et Calixte III, mais à la condition qu'un tiers des offrandes sera mis à la disposition du Saint-Siége, pour être employé à la croisade contre les Turcs. Elever nos magnifiques basiliques au Seigneur, repousser l'invasion musulmane menaçant la civilisation européenne, tel était l'emploi que donnaient les souverains pontifes à l'impôt volontaire prélevé sur la foi des populations, pour gagner les indulgences, dans la Bretagne, au XVe siècle.

Cependant, Yves de Pontsal mourut le 7 avril 1476; il n'eut pas la consolation de voir achever la cathédrale. Son successeur, Pierre de Foix, d'abord Franciscain, puis évêque de Vannes et cardinal, de concert avec le duc François II, s'adressa de nouveau à ce trésor, aussi inépuisable que la miséricorde divine, et le pape Sixte IV, par sa bulle du mois d'avril 1478, leur accorda quatre nouvelles années d'indulgence pour terminer *cette œuvre* qu'il appelle *un travail remarquable et important.*

Le *cloître*, partie accessoire de la cathédrale, méritait de fixer l'attention de l'archéologue ; il comprenait toute la partie laissée libre entre la cathédrale et la rue des Chanoines, et se prolongeait jusqu'à l'angle N.-E. du transsept. Ses arceaux avaient un galbe bien étudié et appartenaient à la troisième période du moyen-âge, comme on en peut juger par les quelques débris qui ont résisté à la démolition. La scotie de la base de la colonne est extrêmement ouverte et peu approfondie ; les choux-frisés et les ornements des chapiteaux sont ceux des monuments du XVe siècle, ainsi que les arcs à anse de panier, dont le fût semble renaître avec l'arête-mousse et se perdre dans les moulures de l'arc ; la charpente était formée de cercles annulaires espacés de 0^m 50 d'un arc à l'autre, portant moulures curvilignes, et la porte principale, maintenant démolie comme le cloitre, donnant dans la rue des Chanoines, était d'une belle exécution et du même caractère.

IV.

Transsept, — Chapelle du Saint-Sacrement, — XVIe siècle.

Ces deux constructions, quoique contemporaines, nous présentent, à deux pas l'une de l'autre, un des derniers monuments du style ogival flamboyant, et peut-être le premier de la renaissance en Bretagne.

Une bulle, du 18 novembre 1514, du pape Léon X, ce protecteur si éclairé des beaux-arts, constate que le maître-autel et le chœur de cette église, commencée depuis un grand nombre d'années et *cons-*

truite sur un plan assez remarquable, menacent ruine au point que l'office divin ne peut plus y être célébré avec tranquillité d'esprit. A la demande du cardinal Laurent Pucci, évêque de Vannes, et de Jean Daniélo, archidiacre, il accorde une indulgence plénière, avec faculté de commuer les vœux du voyage d'outre-mer, de Rome ou de Compostelle, pourvu que ceux qui les ont faits, et ne peuvent les accomplir, envoient, selon leur faculté, à la fabrique de la cathédrale, les sommes qu'ils auraient employées à leur voyage.

Le portail septentrional du transsept, auquel aboutissait le cloître des chanoines, et construit avec les fonds provenant de ces offrandes, est la partie la plus remarquable de notre cathédrale sous le rapport de la forme et de l'art. La porte latérale S.-E., que l'on appelait la porte des *Ducs,* et qui donnait dans la rue des Trois-Duchesses, est moins riche, mais construite néanmoins dans le même esprit monumental. Ces deux portes ont été condamnées et masquées par des autels en 1769.

C'est encore à la même époque que fut construit le porche ou narthex, appartenant, comme le transsept, à la dernière période du style ogival. Mais cette entrée principale, si remarquable par ses riches détails, ses pinacles, ses niches découpées à jour, ses arcades festonnées et ses moulures prismatiques, fut indignement mutilée au XVIIIe siècle, et ses trumeaux du centre, aux deux portes geminées, furent remplacés, en 1782, par de longs jambages supportant une plate-bande en arc de cercle surbaissé du plus mauvais goût.

Mais voici qu'à côté de ce style ogival flamboyant s'élève un témoin de la révolution qui va s'opérer dans ces constructions religieuses, à la suite des expéditions de Charles VIII, de Louis XII et de François Ier en Italie. Ce dernier était venu à Vannes, en 1532, assister aux Etats qui votèrent la réunion de la Bretagne à la France. L'archidiacre Daniélo, nommé abbé de Saint-Gildas de Rhuys, en 1537, fit construire, sous l'influence des idées des artistes qui accom-,pagnaient le roi-chevalier, et du cardinal florentin Antoine Pucci, devenu évêque de Vannes en 1531, à la mort de son oncle Laurent, la chapelle du Saint-Sacrement, appelée aussi chapelle du Pardon.

De forme circulaire, elle se compose de deux ordres ioniques superposés. Entre les colonnes à moitié engagées du premier, sont des niches peu profondes surmontées d'un fronton alternativement triangulaire et à segments de cercle ; sur l'entablement, des modillons saillants ; entre les pilastres du second ordre sont pratiquées des fenêtres longues, étroites et en plein cintre ; au-dessous de la galerie, un second rang de modillons ornés de moulures, avec des médaillons en marbre. Le tout était couronné par une balustrade à fuseaux et un dôme qui ont disparu et ont été remplacés, en 1829, par une couverture conique du plus disgrâcieux effet, en sorte qu'il est très difficile d'apprécier maintenant ce monument de la Renaissance, dépouillé de sa riche ornementation extérieure, de ses statues et de ses médaillons en marbre. L'intérieur de la chapelle ne présente qu'une muraille nue et sans ornement. Le mauvais rétable en bois, le tableau et le tabernacle actuels y furent placés en 1787. Jean Daniélo, le fondateur, y fut enterré devant la table de communion. On lit l'inscription suivante, dont nous supprimons les abréviations, sur la frise supérieure :

TEMPLVM hoc ad honorem et gloriam corporis omnipotentis
Dei vivi Christi Jesu Domini nostri.

et sur la frise inférieure :

Reverendus Pater Dominus Johannis Danielo canonicus et

archidiaconus hujus ecclesiæ Venetensis ac litterarum

apostolicarum de majori præsidentiâ abbreviator

suis struxit impensis MDXXXVII. (1537.)

V.

Chapelle Saint-Vincent-Ferrier, voûte en bois et jubé, — XVIIe siècle.

La chapelle Saint-Vincent, commencée en 1630, fut terminée en 1637. Des pans de murs inachevés indiquent qu'elle ne devait pas être isolée et que des chapelles rayonnantes devaient environner le chœur alors projeté.

Un jubé en bois s'élevait à la hauteur des piliers de la nef et isolait complètement le chœur des transsepts alors livrés aux fidèles; il fut démoli en 1769, lorsqu'on reconstruisit le chœur.

Quoique destinée à être voûtée en pierre, on se contenta d'abord de revêtir la charpente de la cathédrale par un lambris polygonal qui existe encore au-dessus de la voûte actuelle; il porte les dates de 1626 et 1627. A cette époque, la hauteur de la nef, mesurée du sol à la clef, était de 30^m 50. Elle est réduite aujourd'hui, tant par l'exhaussement du sol que par la lourde voûte en pierre construite en 1768, a 20^m 20, et, malgré cette réduction, la nef est encore imposante.

VI.

Voûte en pierre, chœur actuel, autels, statues, orgues et tableaux, — XVIIIe siècle.

La première pierre de la voûte en pierre fut posée, le 5 décembre 1768, par Mgr Charles-Jean de Bertin, évêque de Vannes, et sa sœur,

Charlotte de Bertin, veuve du baron de Fumel-Monségur, ainsi que le constate l'inscription gravée sur une plaque en cuivre déposée sous cette première pierre à la naissance de la voûte. Les armoiries mutilées de Mgr Bertin se voient encore à la clef de voûte, du côté de la nef.

Le roi Louis XV, à la demande de M. de Bertin, frère de l'évêque et ministre secrétaire d'Etat, accorda, pour ces travaux, 100,000 liv. prélevées sur les fonds de la loterie et envoyées par M. de Sartines, lieutenant-général de police. Au XVIIIe siècle, ce n'était plus pour gagner les indulgences, mais le *gros lot*, que l'on donnait de l'argent.

L'ancien chœur fut démoli, et deux chapelles latérales : l'une sous le vocable de saint André, l'autre sous celui de sainte Anne. Des traces de cette dernière se voient encore entre deux contreforts du côté du midi. Reculant devant une augmentation de dépense de 8,000 livres et la reconstruction de la sacristie, le plan primitif, qui élevait le chœur à la hauteur de la nef et du transsept, et l'environnait de chapelles latérales, fut abandonné. Le nouveau laissa en hors-d'œuvre la chapelle Saint-Vincent; et rendit inutiles les fondations déjà élevées, ramena le maître-autel jusqu'au point d'intersection de la nef et du transsept, forçant à boucher les deux portes des Ducs et du Chapitre, qui avaient servi jusque-là, et à en ouvrir d'autres violemment et sans grâce (1).

Le chapitre avait contribué, pour sa part, pour plus de 100,000 liv., les pierres avaient été fournies gratuitement par M. de La Landelle, sur sa terre de Roscanvec, et M. de Châteauguay, sur celle de Kerboulard; et cependant, au mois de juin 1775, il fallut recourir

____

(1) Porte latérale de St-Guenhaël, ouverte en 1776.

encore à la munificence royale. Louis XV n'était plus ; Louis XVI accueillit avec bienveillance la requête qui lui fut présentée, et, par ses lettres-patentes du 17 novembre 1775, sur une dépense évaluée à 160,000 liv., il s'engagea à en donner 80,000, payables en 8 ans, par annuité, pourvu que le chapitre ajoutât une somme égale, et justifiât d'une dépense d'au moins 20,000 liv. par an.

Les marbres précieux qui enrichissent notre cathédrale y furent placés en 1777. Le maître-autel avec les anges adorateurs, les deux petits autels collatéraux surmontés des statues de saint Pierre et de saint Paul, le tombeau de saint Vincent, le mausolée de Mᵍʳ Bertin, sont l'œuvre du sculpteur marseillais Christophe Fossati, et coûtèrent, y compris le frêt et le transport du quai à la cathédrale, 21,604 liv. 10 sols.

Les orgues, placées d'abord dans la chapelle où donne maintenant l'escalier de la chaire, furent transportées au bas de l'église en 1740. Elles sont d'un facteur nommé Triburt, et coûtèrent 15,000 liv. et l'abandon des anciennes. Les piédestaux, les six belles colonnes d'une seule pièce de bois tourné qui les soutiennent, et la façon de la tribune, coûtèrent 22,260 liv.; les plans et devis furent donnés par un sieur Bourgogne, ceux du buffet, par un sieur Renaud, qui reçurent chacun 12 liv. pour honoraires. Les sculptures en bois sont de Venial et de Lottembert. Ces orgues reçurent de grandes réparations et augmentations, en 1778 et 1779, du frère Florentin Grimont de Sainte-Cécile, religieux carme de la maison des Billettes, à Paris, auquel on fit une rente viagère de 150 livres, par acte du 17 novembre 1780.

La cathédrale de Vannes possède plusieurs tableaux d'une certaine valeur artistique : une bonne copie de l'Elévation du corps de sainte

Pétronille, du Guerchin ; la Résurrection de Lazare, œuvre capitale de Destouches ; saint Vincent Ferrier, rendant le dernier soupir, assisté de Jeanne de France, duchesse de Bretagne, par Gosse ; la Prédication de saint Vincent Ferrier à Grenade, devant le roi Abenbalva, par Mozès. Son trésor renferme des reliques très précieuses de la vraie Croix ; de saint Pierre et de saint Paul, ses patrons ; de saint Salomon, roi de Bretagne ; mais surtout, dans son tombeau, les ossements du corps presque complet de saint Vincent Ferrier, le grand thaumaturge du XVe siècle.

X. _ errata: au lieu de: Mozès, lisez. Mauzaisse,

CHAPELLE DE SAINT-FIACRE EN RADENAC

ET

L'ÉGLISE DE LANTILLAC.

—

Résumé des notes données par M. de Bréhier (1857), par M. Fouquet,
docteur-médecin.

Sur un désir de la Société archéologique, M. de Bréhier vous a adressé, en janvier 1857, deux feuilles de dessins et quelques notes touchant divers objets curieux de la chapelle Saint-Fiacre, en Radenac.

Sur une de ces feuilles, M. de Bréhier vous a donné le dessin, sous deux faces, de la statuette en argent de saint Fiacre, haute de $0^m,22$; plus le dessin en couleur d'une peinture murale représentant une femme debout, coiffée comme on l'était sous François 1er ; enfin une inscription en partie effacée qui se trouvait sur la corniche qui surmonte l'une des arcades intérieures de la chapelle.

Sur la seconde feuille, M. de Bréhier vous a donné les armoiries des vitraux de Saint-Fiacre, parmi lesquels on remarque de Rohan-Chabot, de Rieux, au franc canton de Lantivy, de la Ferrière, de Rohan et Rieux mi-partie, de Kerméno ou Kervéno, Du Couédic, etc., puis un excellent dessin de deux peintures sur cuirs, surperposés autrefois l'un à l'autre sur le devant du maître-autel. Le plus ancien cuir peint était déchiré en plusieurs points ; la peinture en était bien inférieure à celle du dernier qui est peint au vernis, et dont les fleurs sont parfaitement traitées et d'une grande fraîcheur. On ne peut faire remonter cette peinture qu'au temps de Louis XV ; les dimensions en sont de 2^m,42 en longueur et 0^m,76 en largeur.

M. de Bréhier, dans une autre communication, nous a donné l'âge d'une très-ancienne cloche de Lantillac **m : ii^cc c vi.** Il nous a parlé de deux pierres tombales de son église qui sont disparues en 1829 ; de ses boiseries badigeonnées de toutes couleurs, mais grossièrement ; et enfin de la croix de son cimetière bien sculptée sur granit et qui date de la fin du XVIe siècle.

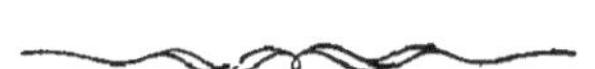

aÑo · ꝺ̃ · mi · cccc ꝯ terrio · ꝺie · ii · ſep · fu ꝺeꝺi i

ꝛap · ꝥ · ꝛ · iꝛ · ꝥ · t · ꝺ · ꝺ · ꝺ · ꝑl · ꝛ · l en · et · ſãt̄ iiii tut

wultꝛ · ꝥ · ꝥ et · T · Tes l ñil · ꝛ ꝯ ereꝑtꝰ ſtꝛgeꝛ ·

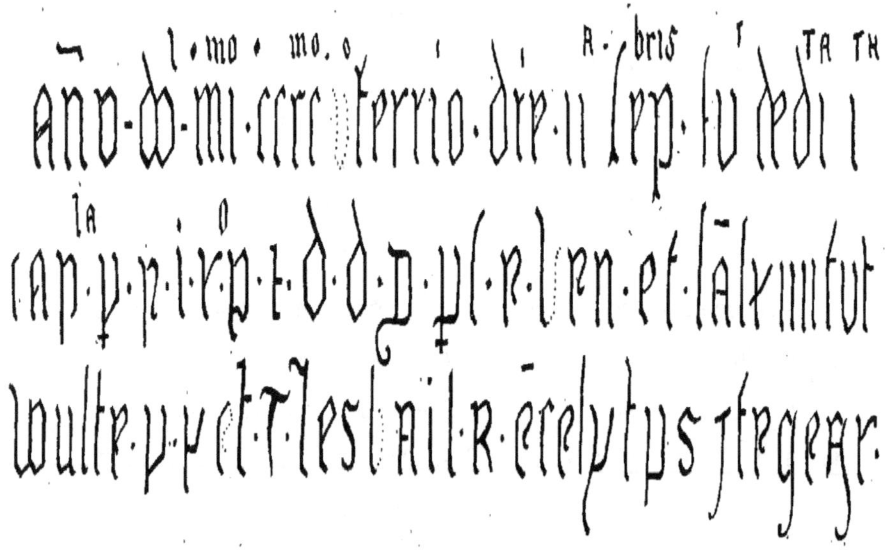

Lecture donnée par Mr. de la Borderie.

1er. Ligne — *Anno Domini millesimo quadringentesimo quinquagesimo tertio, die secunda septembris fuit dedicata ista.*

2e. Ligne — { *Capella per reverendum in Christo patrem et dominum dominum Yvonem pontis salis episcopum*
{ *Venetensem et l'an soixante quatre fut.*

3e. Ligne — *Voulte par Pierre et J. Lesbail, Recteur en cely temps J. Fégear.*

Nota — *Cette inscription est gravée en relief sur une pierre encastrée dans le mur du côté gauche du chœur.*

RELEVÉ DE L'INSCRIPTION

FIXANT LA DATE DE LA DÉDICACE & DE L'ACHÈVEMENT

DE LA

CHAPELLE DE KERNASCLEDEN

EN SAINT-CARADEC-TRÉGOMEL.

—

Par M. de Fréminville, ingénieur des ponts et chaussées.

M. de la Borderie a donné dans son ouvrage intitulé : *Mélanges d'histoire et d'archéologie bretonnes* (tome 1, édition 1842; Nantes), une description très-complète de la Chapelle de Kernascleden, située dans la commune de Saint-Caradec-Trégomel.

Il a cité et interprété une inscription qui donne les dates de la dédicace et de l'achèvement de l'édifice ; cette inscription curieuse en ce qu'elle est rédigée en partie en latin et en partie en français, est gravée en relief sur une pierre encastrée dans le mur du côté gauche du chœur. Elle fixe au XVe siècle l'époque de la construction de la Chapelle, remarquable par la richesse des sculptures qui la décorent; nous l'avons reproduite Pl. 8. Elle donne un type du style et des caractères des inscriptions lapidaires du XVe siècle dans le Morbihan, et, à ce titre, nous avons pensé qu'elle serait vue avec intérêt.

La Chapelle de Kernascléden a été classée au nombre des monuments historiques, par une décision de M. le ministre d'Etat, en date du 3 avril 1857.

INSCRIPTION, MONNAIE ET MÉDAILLE

TROUVÉES DANS LES FONDATIONS DE L'ANCIEN PORT DE PALAIS, A BELLE-ISLE.

—

Rapport par M. H. Jaquemet, Ingénieur en chef des ponts-et-chaussées.

Depuis longtemps un massif de vieille maçonnerie obstruait le chenal d'entrée de l'avant-port de Palais (Belle-Isle–en-Mer) et empêchait son approfondissement. Des opérations ont été entreprises en 1853 et continuées en 1854, pour le dévaser et en faire disparaître les aspérités saillantes, et notamment les vieilles maçonneries dont je viens de parler.

C'est par suite de ce travail que le 18 mars 1854, à onze heures et demie du matin, on a découvert une pierre de taille de granit sur laquelle est gravée l'inscription suivante : .

NICOLAVS · FOVCQVET

PR . G · S . ÆR . PRÆF .

GALLIÆ MI . PR ·

MVILXI ·

Cette inscription me paraît devoir être lue, ainsi qu'il suit :

Nicolaus Foucquet procurator generalis, super æris præfectus, Galliæ minister primus. 1661.

Nicolas Foucquet, procureur-général, surintendant des finances, premier ministre de France. 1661.

On peut observer que Foucquet est écrit avec un *c* : c'était, en effet, l'orthographe du temps modifiée depuis.

La pierre qui porte cette inscription a 0^m,49 de large sur 0^m,94 de longueur, et une épaisseur variable dont la maximum est de 0^m,44.

La hauteur des lettres distribuées comme je l'ai indiqué ci-dessus est :

Pour la première ligne de.	0^m 003
Pour la seconde.	0 004
Pour la troisième.	0 045
Pour la quatrième.	0 003

La position horizontale de cette pierre, le mortier dans lequel elle était empâtée, et surtout l'inscription, ont tout de suite fait penser qu'elle était la première d'une construction qui avait dû au moins recevoir un commencement d'exécution dans cet emplacement, et on a fait immédiatement des recherches sous cette pierre.

En effet, on y a trouvé une plaque de plomb pliée en deux, déjà en partie *carbonatée,* renfermant une *monnaie* en argent et une médaille en or.

Description de la Monnaie.

C'est une pièce d'argent au millésime de 1660, de 32 millimètres de module, portant au *droit* l'effigie, profit droit, de Louis XIV encore fort jeune, avec la couronne de laurier et la légende LVD. XIIII·
D. G. ⱡ ⱡ FR· ET· NAV· REX, et au *revers* l'écu de France dans le champ avec l'inscription autour : SIT· NOMEN· DOMINI·|. BENE-
DICTVM· 1660.

Cette monnaie n'est qu'un écu de trois livres de Louis XIV ; on doit cependant remarquer :

.1° Le style de l'émission, elle est mal coupée et a été frappée au marteau et non pas au balancier, qui pourtant depuis Henri II et surtout depuis Louis XIII était en usage à la monnaie de Paris ;

2° Les deux hermines qui, dans le droit de la pièce, se trouvent au-dessus de l'effigie, et séparent les mots *Dei gratia* du mot *Franciæ* ;

3° La lettre monétaire T placée sur le revers au bas de l'écu. Cette lettre était sous Louis XIV et depuis la lettre monétaire de Nantes.

Description de la Médaille.

. C'est une médaille ou un jeton en or de Fouquet, de 37 millimètres de module.

On voit d'un côté un écu portant d'*argent* à l'écureuil, montant dont la couleur héraldique peu apparente paraît être de pourpre (lignes diagonales inclinées de gauche à droite). La couronne de l'écu est de *Comte*, c'est-à-dire qu'elle laisse voir neuf grosses perles sur un cercle garni de pierreries. Au-dessus est un casque d'*or* vu de front mais fermé, assorti de ses lambrequins et surmonté d'une couronne de vicomte, laissant voir cinq perles, d'où sort pour cimier un écureuil semblable à celui de l'écu. Les *supports* sont deux lions reposant comme l'écu sur la mer.

. De même que ces armes sont celles de Fouquet, la devise inscrite autour dans un cercle en grenetis est celle de ce ministre ambitieux :

. QVO · NON · ASCENDET .

. De l'autre côté est représenté un arc de triomphe à trois rangs d'arcades surmontés d'un trophée. Je ne puis mieux en comparer l'architecture qu'à celle de l'Arc de Triomphe du Carrousel à Paris. Des branches, que je crois de laurier, sont figurées grimpant autour du fût des colonnes.

Au dessous est écrit : 1661 .

et autour dans un cercle en grenetis :

PACI ÆTERNÆ · PACTISQVE · HYMENEIS

Cette légende se rapporte évidemment à la paix des Pyrénées et au mariage de Louis XIV qui est de 1660.

Observations.

Fouquet, ou plutôt Foucquet, comme on écrivait alors, était à la fois marquis de Belle-Isle, vicomte de Melun et de Vaux, seigneur de Pomay, ministre d'Etat, procureur général au Parlement de Paris, etc.

Belle-Isle, qui primitivement appartenait à l'abbaye de Quimperlé, a été donnée dans le XVIe siècle, sous Charles IX, au comte de Retz, son favori, gouverneur de la Bretagne.

Vers 1658, Gondi, cardinal de Retz, la vendit à Fouquet pour la somme d'un million 396,936 livres. Ce chiffre m'est donné par Cayot-Délandre.

Aussitôt après l'acquisition, Fouquet y fit construire des magasins, et fit faire des constructions au port de Belle-Isle.

C'est à ces travaux que se rapporte la découverte dont ce rapport rend compte.

Le millésime de l'inscription et celui d'une des pièces prouvent que la pose de la pierre, dont il s'agit, a eu lieu en 1661, c'est-à-dire l'année de la disgrâce et de l'arrestation de Fouquet : ce qui explique pourquoi les travaux sont restés interrompus, il n'en est resté, en effet, que les premières maçonneries au fond du chenal.

LE CHATEAU DE TRÉFAVEN

PRÈS LORIENT.

Extrait d'un Mémoire de M. Le Bayon-Gérard (1857), par M. Rozensweig,
archiviste du Morbihan.

M. Le Bayon-Gérard adresse à la Société un intéressant mémoire accompagné d'un plan, sur l'ancien château de Tréfaven, près Lorient. On peut suivre les différents rôles que joua ce monument. Bâti, d'après notre honorable confrère, au commencement du règne de Henri III par un seigneur de Rohan, il soutient un siége pendant les troubles de la ligue. Puis il est loué, en 1730, à la Compagnie des Indes, qui y renferme ses provisions de poudre. Devenu prison d'Etat sous la Révolution, il servit quelque temps de magasin à la marine, qui l'occupe encore aujourd'hui ; mais il reste peu de chose du bâtiment primitif.

Un titre trouvé récemment aux archives départementales du Morbihan semble contredire l'opinion de M. Le Bayon-Gérard, au sujet de l'origine du château de Tréfaven. Il est possible que ce château ait été restauré sous le règne de Henri III, puisque des monnaies de ce temps y ont été trouvées, mais il existait déjà en 1456, ainsi que le prouve la copie d'un contrat d'échange fait à cette époque, du manoir de Tréfaven contre la terre du Coetdor, en Guer, entre Louis de Rohan et Marie de Montauban, sa femme, d'une part; et Jean de Rosternen et Louise de Rohan, sa femme d'autre part.

Quant à la question de savoir si la construction du château est due, en effet, à un prince de la maison de Rohan, le contrat précité tend à faire croire qu'il n'y a rien d'impossible dans cette assertion, puisque le propriétaire du XVe siècle, Jean de Rosternen était, par sa femme, allié à cette maison.

SCEAU DU CHAPITRE DE VANNES.

—

Communication faite par M. Lallemand , juge de paix (1854).

M. Lallemand fait une communication relative au sceau du chapitre de Vannes, qui vient d'être rétabli d'après un manuscrit de la Bibliothèque impériale (*Armorial des Evêchés de France en 1727*. — Cabinet des Estampes, N° 6094). Ce sceau a pour armes : d'azur au dextrochère habillé d'or, tenant une clef à double panneton d'argent posée en pal ; et pour légende : *Sigill : capitvli venetensis*.

M. Lallemand en donne un dessin d'après le sceau apposé au procès-verbal de l'invention des reliques de saint Vincent-Ferrier, du 3 novembre 1634 (*Archives du chapitre de Vannes*).

LES NOMS DES RUES

et les

ARMES DE LA VILLE DE VANNES.

—

Analyse d'un Mémoire de M. Lallemaud, juge de paix (1857),
par M. Fouquet, docteur médecin.

La mode du jour est le changement de noms ; ce changement de noms n'est pourtant qu'une répudiation du passé.:.. Que le fils d'un forçat rejette son nom flétri, ça se conçoit, il a tout à gagner ; mais qu'une cité, riche en souvenirs, substitue aux noms historiques de ses rues des noms qui n'ont aucune signification, ça ne se comprend plus, car elle a tout à perdre. Pourquoi l'édilité Vannetaise a-t-elle voulu dépouiller sa ville de son vieux passé plus brillant, à coup sur que son présent obscur ? Pourquoi, par exemple, a-t-elle effacé, comme à plaisir, toute mémoire du vieux château ducal de l'Hermine que rappelaient les noms de place des Lices, de Tour-du-Connétable, de rue du Rempart, de rue de la Basse-Cour et de Porte-Poterne, en substituant à ces noms qui parlent, des noms qui n'ont rien à dire, ou qui ne disent que des choses de mauvais goût. Que veut dire ce nom place de la Réunion ? Il parlent sans doute de l'agglomération de nos marchandes de légumes.... Comme c'est beau ! Et la rue des Vierges de qui nous parle-t-elle ?... Des vierges folles qu'on enfermait dans une vieille tour du rempart.... Comme c'est noble ! et la rue Noé qui remet en mémoire une mauvaise maison... Comme c'est édifiant !... Rue Saint-François ; fi donc ! un couvent de Cordeliers de 1260... c'est pitié ! Parlez-nous d'un bouge de nos jours.... à la bonne heure !!!

Calmont-Haut et Calmont-Bas... Voilà du beau, vraiment ! un souvenir de l'occupation Romaine, le *Calidus mons* pour de vieux antiquaires radoteurs, comme c'est propre !... Rue de Séné, rue du Commerce ; voilà des noms qui parlent à l'esprit !...

Cette manie révolte notre collègue M. Lallemand ; il préfère le nom de rue Saint-Salomon qui rappelle une ancienne paroisse et un de nos ducs, à celui de rue de l'Ouest qui nous montre le soleil couchant !... Il aime mieux le nom de rue Cossial, qui nous remémore le vieil hôtel de ce nom, qu'a remplacé le grand séminaire en 1680, que celui de rue de la Vérité qui pourtant est une si belle chose ! Le nom si distingué de rue de la Vertu touche peu notre collègue qui préfère, à ce beau nom, celui de rue du Drézen, qui nous rend la mémoire de Mlle du Drézen, noble et sainte fille, dernier représentant d'une de nos bonnes et généreuses familles. Il pousse l'impénitence finale, au point de vouloir qu'on rende à la rue de la Bienfaisance, son ancien nom de rue des Duchesses, en souvenir des Etats de Bretagne, tenus par François II en 1459, alors que logeaient, dans cette rue, trois douairières de Bretagne, Isabeau d'Ecosse, veuve de François Ier ; Françoise d'Amboise, veuve de Pierre II ; et Catherine de Luxembourg, veuve d'Arthur III !

Eh bien, voyez la bizarrerie de l'esprit humain ; bien des hommes de science et même bien des hommes de goût, partagent l'opinion de notre collègue, veulent comme lui qu'on rende les noms de Four-Banal, de Pot-d'Étain, de Saint-Jean, de la Poterne, de la Vieille-Boucherie, du Petit-Couvent, aux rues de la Concorde, de la Bonne-Foi, du Nord, de l'Est, de la Loi et de la Justice, quel que soit le charme de ces noms de vertus et de ces aires de vent !

Ils veulent encore avec notre collègue que la ville de Vannes reprenne ses vieilles armes de gueules à une hermine passante, d'argent mouchetée de sable et accolée de la jarretière flottante de Bretagne.

Nous, pour qui les vieux souvenirs sont chers, espérons que les vœux de notre collègue, développés, appuyés de preuves dans les deux mémoires qu'il vous a lus, et dont je vous rappelle seulement l'intention et le but, seront entendus de notre conseil municipal, et qu'un jour ou l'autre notre vieille cité pourra vivre un peu de son passé qui n'est pas sans gloire.

DONS FAITS AU MUSÉE ARCHÉOLOGIQUE.

Années 1853 et 1854.

Borné milliaire de Victorinus, trouvée à Lescorno, en Surzur. — *Achat de la Société.*

Figurine du moyen-âge en terre cuite, trouvée à l'île de Riec.— Don de MM. AUBRY et BEAUVAIS.

Un fer de lance, trouvé en Caden — M. MAROT.

Une cognée, trouvée au bourg de Pluherlin. — M. MAROT.

Une brique romaine, portant inscription. — M. MAROT.

Monnaies bretonnes, recueillies dans des fouilles faites près de la Porte-Prison à Vannes. — M. L. GALLES.

Anneaux en cuivre, celtæ, morceau d'ambre, trouvés à Saint-Galles, en Arradon — M. J.-M. GALLES.

Année 1855.

Pierre portant inscription, trouvée au port de Palais, à Belle-Isle-en-Mer. — M. JAQUEMET.

Plan des murailles de Vannes. — M. L. GALLES.

Vase sculpté en ivoire (moyen-âge). — *Acquis par la Société.*

Médaille en argent de François II, duc de Bretagne. — *Acquis par la Société.*

Année 1856.

Pierre tombale d'un chanoine de Vannes (XIIIe ou XIVe siècle), trouvée dans les décombres de la chapelle Saint-Jean à la cathédrale.

Deux dalmatiques provenant de la chapelle Saint-Fiacre, en Radenac. — *Acquisition de la Société.*

Monnaies françaises et espagnoles du temps de la ligue, trouvées en Monterblanc. — *Acquisition de la Société.*

Armoirie brodée du marquis de Carcarado-Molac, provenant de l'église paroissiale de Sulniac. — *Acquisition de la Société.*

Vases funéraires romains, trouvés en Moustoir-ac. — M. DE LA FRUGLAYE.

Année 1857.

Médaille d'Antonin, moyen-bronze, trouvée dans les décombres d'une portion du mur de ville, appuyé lui-même sur un reste de construction romaine. — M. BOULAGE

Teston de François Ier, roi de France (avec une notice). — M. LALLEMAND.

Série d'assignats de la Révolution française (avec une notice). — M. LALLEMAND.

Sceau matrice de l'ancienne sénéchaussée d'Auray (avec une notice). — *Idem.*

Jeton en cuivre, du XVe siècle, dit *Ave Maria.* — M. DE LANGLAIS.

Pièce de monnaie celtique, trouvée à Locmariaquer. — *Achat de la Société.*

Casse-tête de grande dimension. — M. BONNEMANT.

Fragment d'une statue de Saint en bois. — M. DE KERANFLEC'H.

Médaille commémorative du 4e anniversaire séculaire de la canonisation de saint Vincent-Ferrier (Don de la ville de Valence (Espagne) à la ville de Vannes. — *Ville de Vannes* (simple dépôt).

Deux empreintes en cire, des sceaux des cours de Molac et de Pleugriffet. — M. DE BRÉHIER.

Monnaie en bronze, de Constantin-le-Jeune, trouvée à Vannes. — M. DE LIMUR.

Monnaies en bronze, de Dioclétien et de Constantin, trouvées à Riantec — M. ROSENZWEIG.

Monnaies françaises, or et argent, de Jean II, Charles V, et Raymond prince d'O-range.

Monnaies anglaises, or et argent, frappées à Londres et à York ;

Monnaie bretonne en argent ;

Le tout trouvé à Auray. — *Achat de la Société.*

Un éperon et une paire de menottes en fer (avec une notice). — M. MAROT.

Un fragment de clochette aplatie, trouvé dans la lande de Lanvaux (avec une notice). — M. MAROT.

Monnaie en bronze de François de Bourbon, prince de Conti (1614). — M. FOUQUET.

Monnaie d'or, de Dioclétien, trouvée en Saint-Vincent. — *Achat de la Société.*

Empreinte du sceau du monastère des Trois-Marie-du-Bondon (avec une notice). — M. L. GALLES.

Monnaie en or, de Valens, trouvée dans le courtil de la maison des Trois-Allouettes, en Elven. — *Achat de la Société.*

Monnaie en bronze, d'Auguste, trouvée au village de la Potinaie, près Redon. — M. ROSENZWEIG.

Monnaie d'argent de Philippe de Valois, dite *gros à la couronne,* trouvée au village de Kernec, en Languidic (avec une notice). — M. FOUQUET.

Fragment de figure en plâtre, imitation du masque antique.

Vase en verre, parfaitement intact.

Fragment de poterie.

Ces trois objets trouvés à Kertsch dans un tumulus (avec une notice de M. Fouquet). — M. CHARPENTIER.

DONS FAITS AUX ARCHIVES.

Années 1853 et 1854.

Annuaire statistique, historique et administratif du Morbihan (1853).—M. LALLEMAND.
Idem.   *idem.*   (1854).—M. LALLEMAND.

Année 1855.

Annuaire statistique, historique, etc., du Morbihan. (1855).—M. LALLEMAND.

Année 1856.

Annuaire statistique, etc. du Morbihan (1856). —M. LALLEMAND.

Catalogue des Monuments historiques du Morbihan, dressé par les soins de la Société archéologique.

Histoire élémentaire et abrégée de Bretagne. — M. DULAURENS DE LA BARRE.

Traits détachés de l'histoire de Bretagne.   *idem.*

Histoire de Châteaubriant et de ses Barons.   *idem.*

Année 1857.

Le Morbihan, son Histoire et ses Monuments (M. Cayot-Délandre, 1847). — *Achat de la Société.*

Annuaire statistique, etc. du Morbihan (1857). — M. LALLEMAND.

Vie de saint Vincent-Ferrier (1856). — M. MOUILLARD.

Fiestas que en siglo IV de la canonizacion de san Vicente Ferrer se celebraron en Valencia (Don Vicente Boix, 1855). — Don de la ville de Valence (Espagne) à la ville de Vannes. — *Ville de Vannes* (simple dépôt).

Légendes, Contes et Chansons populaires du Morbihan, par M. Fouquet (1857). — M. FOUQUET.

Revue des Sociétés savantes (janvier et février 1857). — *Ministère de l'instruction publique.*

Les Veillées de Larmor, par M. Dulaurens de la Barre (1857). — M. DULAURENS DE LA BARRE.

Bulletin monumental de la Société française d'archéologie (un numéro de 1857). — *Société française d'archéologie.*

Histoire monétaire de Bretagne (M. Bigot). — *Achat de la Société.*

Compte-rendu de la séance annuelle de rentrée des Facultés de Rennes (1857).— *Académie de Rennes.*

Vie de saint Vincent-Ferrier, ses Prédications, ses Miracles, sa Canonisation, son Culte, son Tombeau et ses Reliques à Vannes (1857), par l'abbé Mouillard. —M. l'abbé MOUILLARD.

Manuscrit en vers du sieur de Caillon (1609). — M. DE BRÉHIER.

MEMBRES

DE LA

SOCIÉTÉ ARCHÉOLOGIQUE

DU MORBIHAN.

—

AU 1ᵉʳ JANVIER 1858.

AIMÉ DE SOLAND.
AUGUSTIN.
LE BAYON-GÉRARD.
DE BEC-DE-LIÈVRE.
BIZEUL.
BONNEMANT.
DE LA BORDERIE.
LE BOUEDEC, Ingénieur des ponts-et-chaussées.
BOULAGE, Préfet du Morbihan.
DE LA BOURDONNAYE.
DE BRÉHIER.
BROWN.
BURGAULT, Avoué à Vannes.
CARADEC, Président honoraire du Tribunal.
CHARRIER, Architecte du département.
CLARET DE LA TOUCHE.
DANTU, Docteur Médecin.
DELORME.
DRÉANO (abbé), Recteur de Moréac.
DULAURENS DE LA BARRE, Notaire à Vannes.
FOUCHARD (abbé), Curé de Saint-Pierre à Vannes.
FOUQUET, Docteur Médecin.
A. DE FRANCHEVILLE.
J. DE FRANCHEVILLE.
DE FRÉMINVILLE, Ingénieur des ponts-et-chaussées.
DE LA FRUGLAYE.
J. M. GALLES.
R. GALLES, Sous-Intendant militaire.

F. GALLES.
L. GALLES.
GAUDIN (abbé), Chanoine grand-chantre.
GRÉGOIRE, Ingénieur des ponts-et-chaussées.
GUILLOUX.
GUYOT-JOMARD.
JAQUEMET, Ingénieur en chef des ponts-et-chaussées.
JOUANNO, Architecte.
LE JOUBIOUX, Vicaire-Général, Secrétaire de Mgr l'Evêque de Vannes.
JULLIEN.
DE KERANFLEC'H.
KERDAFFRET (abbé), Professeur au Séminaire de Vannes.
DE KERIDEC.
KEYSER, Avoué à Vannes.
B. LA GILLARDAIE, Docteur en Médecine.
M. LA GILLARDAIE.
LALLEMAND, Juge de paix.
LALLEMENT, Maire de Vannes.
DE LANGLAIS.
LE LIÈVRE.
DE LIMUR.
MAROT (abbé), Recteur de Rochefort (Morbihan).
MARQUER.
MAURICET, Docteur Médecin.
DE LA MONNERAYE,
DE MONTLAUR,
MOUILLARD (abbé), Recteur d'Arzal.
L. MOUNIER,
DU NODAY.
PIÉDERRIÈRE, (abbé) Vicaire à Muzillac.
DE QUÉRAL, Docteur en Médecine.
ROSENZWEIG, Archiviste du Morbihan.
A. TASLÉ, Notaire à Vannes.
J. TASLÉ.

BUREAU DE LA SOCIÉTÉ POUR LA SESSION 1858-59.

MM. DE FRÉMINVILLE, Président.
LE JOUBIOUX, Vice-Président.
ROSENZWEIG, Secrétaire.
GUYOT-JOMARD, Secrétaire Adjoint.
J. M. GALLES, Conservateur.
J. TASLÉ, Conservateur adjoint.
B. LA GILLARDAIE, Trésorier.

TABLE DES MATIÈRES.

Vannes. — Imp. de Gust. de Lamarzelle.

www.ingramcontent.com/pod-product-compliance
Lightning Source LLC
LaVergne TN
LVHW021856170726
843503LV00003B/1260